SOCIÉTÉ D'ÉTUDES PSYCHIQUES DE GENÈVE

AUTOUR

« des Indes

à la

Planète Mars »

BALE ET GENÈVE
Georg & Cie, ÉDITEURS

PARIS
LIBRAIRIE SPIRITE
42, RUE SAINT-JACQUES, 42

1901

PRÉFACE

Après la publication, par M. Flournoy, de l'étrange et captivant volume : *Des Indes à la Planète Mars*, la Société d'Etudes Psychiques de Genève a entendu, dans plusieurs de ses séances, les remarques, observations et critiques ci-contre. Elle se décide à les publier telles quelles, espérant que leur lecture servira à dissiper quelques malentendus, préventions et préjugés relativement à la question du spiritisme. Son seul but est la recherche et la découverte de la vérité. On a entendu la note *contre*. Il était bon qu'on entendît la note *pour*. Chacun, ensuite, décidera s'il lui convient de se ranger parmi les adhérents ou les détracteurs du spiritisme.

Une troisième alternative reste ouverte : attendre, étudier, et ne se prononcer que lorsque la lumière sera faite aussi complète et aussi décisive qu'il est possible en un domaine où nous avons encore presque tout à apprendre.

Les convictions trop faciles ne sont pas, généralement, des convictions bien durables. C'est pourquoi nous préférons de beaucoup l'homme qui sait douter et résister à celui qui cède successivement à tout vent de doctrine nouvelle. *Examinez toutes choses et retenez ce qui est bon.*

OBSERVATIONS PRÉLIMINAIRES

Lorsque j'ai accepté, un peu bien à l'étourdie, de vous parler du beau livre de M. Flournoy, je ne me doutais qu'à peine à quoi je m'engageais. L'œuvre à examiner est, en effet, de la plus haute importance. La substance en est riche et la matière abondante. Si l'on y rencontre des phénomènes d'ordre physique, il en est d'autres qui se rattachent à l'ordre intellectuel, d'autres encore qui sont de l'ordre spirituel. Les faits positifs y alternent agréablement avec les théories problématiques. Le subliminal côtoie la télépathie. Au spiritisme s'oppose le christianisme. Ainsi que deux sœurs qui s'aiment et se soutiennent, philosophie et psychologie montent de concert à l'assaut des systèmes dont on a l'horreur ou le dédain. La métaphysique, au besoin, accourt à la rescousse. Et la bataille continue, de la première à la dernière page, vive, alerte, ardente, mais toujours courtoise et loyale. Les coups ne sont pas plus tôt esquissés que déjà ils sont parés. Les blessures sont pansées et guéries, presque aussitôt que faites. Pas une action décisive, pas une victoire qui couche par terre, tout de bon, l'un des adversaires en présence. Au contraire du combat du Cid qui finit faute de combattants, la lutte ici se prolonge... et l'on arrive à la fin de la journée, à la fin du livre, veux-je dire, sans trop savoir de quel côté, en fin de compte, penchera la victoire dans le conflit homérique qui s'est élevé entre l'esprit et le subliminal.

Cette indécision dans les conclusions de l'auteur est une des preuves les plus manifestes de son extrême probité scientifique. Elle prouve aussi l'infinie complexité du problème à résoudre. Il a fallu que les difficultés en fussent bien grandes, et les probabilités en faveur du spiritisme bien nombreuses, pour que le savant éminent qu'est M. Flournoy n'ait pas osé, n'ait pas pu, malgré les tendances fondamentales de son esprit, irrémédiablement condamner la thèse que nous soutenons. Aussi est-ce avec une réelle satisfaction que nous enregistrons ses réserves et ses hésitations.

.˙.

« Qui aime bien châtie bien. » Ainsi s'exprime la sagesse des nations. Si elle disait vrai, M. le prof. Flournoy devrait furieusement aimer le spiritisme, car, quelle que soit son incertitude à son égard, il ne lui ménage pas ses coups de boutoir et, à l'occasion, le fustige de main de maître. La sagesse des nations, malheureusement, se trompe : M. Flournoy n'aime pas le spiritisme. Je crois même qu'il serait très fâché d'éprouver, à son encontre, autre chose qu'une profonde aversion. Nous pouvons regretter cet état d'esprit; il ne diminue en rien notre haute estime, j'allais dire notre réelle reconnaissance pour l'homme de science qui a écrit : *Des Indes à la Planète Mars*. Bien loin de lui marquer de la mauvaise humeur ou de la colère pour une outrance qui, en bien des cas, nous paraît injustifiée, nous essaierons plutôt de profiter de ses conseils, de nous instruire à son école. Un ennemi est presque toujours un clairvoyant. Rien ne lui échappe de nos travers ni de nos déficits. Tout le mal qui est en nous, nos petitesses et nos misères, les côtés faibles de nos théories et de nos conclusions apparaissent à ses yeux grossis comme sous la lentille d'un puissant microscope. On a beau vouloir s'en faire accroire. Il faut se rendre à l'évidence. On n'est pas parfait. Seul un aveuglement aussi puéril que peu sincère pourrait nous faire illusion. Or, quoi qu'on prétende, nous ne sommes pas, nous ne voulons pas être des aveugles.

Objections.

1° On nous reproche notre absolutisme et notre étroitesse d'esprit. — Il n'est que trop vrai : un grand nombre de spirites posent cette alternative : ou le spiritisme avec ses espérances infinies, ou le matérialisme avec le long et triste cortège de ses déplorables conséquences. Entre ces deux extrêmes, ils ne conçoivent rien. La prétention est exorbitante et ne se soutient pas. Le monde est plus vaste et la pensée humaine plus large que ne l'imaginent nos mesquines cervelles. Le Christ l'a dit : « Il y a plusieurs demeures dans la maison de mon père. » Ceux-là donc qui ne voient rien en dehors de ces deux choses : le matérialisme et le spiritisme, vivent d'illusion, j'allais dire d'ignorance. Leur intolérance, leur outrecuidance, si l'on veut, mérite le blâme. Tous les esprits ne sont pas coulés dans le même moule, ni toutes les soifs ne s'étanchent pas aux mêmes sources. Où les aspirations de l'un trouvent à se satisfaire, celles de l'autre crient la famine. Ce que celui-ci admire comme l'expression la plus haute et la plus adéquate de la pensée divine, celui-là le réprouve comme une souveraine injustice, ou comme une sombre dissonance dans l'œuvre sublime de la nature. Ainsi les besoins et les espérances varient d'homme à homme. Chacun cherche, et chacun trouve dans le vaste Cosmos où nous nous mouvons, le système ou la philosophie qui correspondent aux intimités de son être. Il existe entre eux comme une harmonie préétablie. Ils se conviennent et ils s'attirent... Méconnaître une vérité si simple, c'est n'avoir pas vécu, c'est n'avoir jamais sondé la profondeur ni la variété de l'âme humaine.

Mais si les spirites sont blâmables parfois de pousser les choses à l'excès, il faut, pour être équitable, étendre la même improbation à tous ceux, individus, groupes, sectes, partis politiques ou religieux, qui sont venus échouer sur le même écueil. Et c'est de quoi l'on ne s'est pas avisé.

Au reste, il faut le dire à la décharge des croyants, quels qu'ils soient : toute foi sincère et forte est, presque nécessairement, exclusive, je ne dis pas fanatique. Qu'on interroge l'histoire.

Son enseignement est le même toujours et partout. Il n'y a que deux catégories d'hommes : ceux qui sont dans la vérité, et ceux qui sont dans l'erreur; ceux qui sont sauvés et ceux qui sont perdus; ceux qui procurent l'avancement de l'humanité dans les voies du bien et ceux qui la retiennent dans les ornières du mal.

Chacun, tout naturellement, se figure appartenir à la meilleure des deux catégories, être, pardessus tous les autres, en possession de la vérité. S'il en était autrement, continuerait-il à adhérer aux doctrines auxquelles il se rattache ? Ainsi s'expliquent d'elles-mêmes les divergences radicales, les oppositions inconciliables qui séparent les hommes entre eux. Le savant ne voit de salut possible pour les sociétés humaines que dans une diffusion incessamment plus générale des sciences, expression la plus haute et la plus sûre du vrai. Le libre-penseur et l'athée vivent dans l'intime persuasion que les vices dont nous souffrons et qui font craindre pour l'avenir des civilisations, sont le résultat immédiat, inéluctable de l'éducation morale et religieuse donnée aux enfants. Rayez, disent-ils, Dieu, le ciel, l'enfer, des livres et de la vie, et vous assisterez à un relèvement progressif de la moralité publique. Les Églises, catholique et protestante, n'ontelles pas vécu de la même antinomie ? N'affirment-elles pas qu'en dehors d'une acceptation franche et loyale de leurs doctrines le monde court à sa perte? Que l'on se tourne d'un côté ou de l'autre, l'on ne sort pas de l'alternative absolue : ou vous serez avec moi ou vous serez contre moi. Ce que Franklin exprimait de cette façon humoristique : *L'orthodoxie, c'est ma doxie; l'hétérodoxie, c'est ta doxie.*

Il existe pourtant quelques différences des uns aux autres. Quand des spirites affichent la sotte prétention d'enfermer le monde dans le cercle étroit contre lequel toutes les protestations sont légitimes, ils se mettent en opposition avec leurs principes les plus certains. Ils sont inconséquents avec eux-mêmes, et l'inconséquence, heureusement, se corrige. Voyez plutôt les protestants. Ils ont bien pu dans l'ardeur de la lutte, et par crainte du lendemain, se montrer infidèles à ce qui constituait leur principale raison d'être : la liberté de conscience. Ils devaient revenir de cette erreur et, de fait, ils en sont revenus et en reviennent tous les jours. Les catholiques, eux, ne regrettent pas le viol des consciences dans le passé. Ce viol, à leurs yeux, est un droit, mieux un devoir, le premier des devoirs. Aussi sont-ils tout prêts à refaire ce qu'ils ont fait. Les principes ont leur logique et leurs inévitables aboutissants.

S'il y a donc des spirites inconséquents — et il y en a — le spiritisme bien compris est, lui, nécessairement très large, large jusqu'à embrasser le monde. Basé sur la pratique de la charité — Hors la charité pas de salut ! — il ne damne personne pour ses croyances, n'exclut personne du royaume de Dieu. Autre est l'enseignement traditionnel de l'Eglise, on pourrait dire des Eglises. Avec elles, le royaume de Dieu n'est accessible qu'à ceux qui acceptent tels et tels articles de foi. Où nous exigeons un acte ayant sa source dans la profondeur de l'être, elles se contentent trop souvent d'une adhésion toute platonique et extérieure à des dogmes qui ne sont rien moins que divins.

Il est facile de voir que si quelques-uns parmi nous s'exposent au reproche très justifié qui nous est fait, ce reproche s'adresse à d'autres encore qu'à eux, frappe en plein cœur ceux-là mêmes au profit desquels on voudrait nous accabler.

2º On oppose le christianisme au spiritisme pour humilier celui-ci sous la supériorité de celui-là. — Qu'on me permette quelques observations à ce sujet. Le christianisme historique a la prétention de s'appuyer sur la révélation de l'Ancien et du Nouveau Testament, du Nouveau surtout. L'Ancien a beaucoup perdu de son autorité depuis que les idées de justice, de bonté, de vérité, de charité ont progressé parmi nous.

Eh bien ! j'ose croire et dire qu'il y a un abime entre le christianisme des chrétiens et les enseignements du Christ. Le christianisme est une religion dogmatique. Où sont les dogmes formulés par Jésus ? Il nous montre l'Enfant Prodigue renonçant à son péché, revenant à la maison paternelle. Le Père ne lui demande rien, ne lui pose aucune question, n'exige aucune confession de foi, ne lui réclame le sang d'aucune victime expiatoire, n'a nul besoin d'un intermédiaire entre Lui et le pécheur. Le salut est direct, non indirect ; immédiat, non médiat. Le cœur du coupable a senti l'aiguillon du mal, s'est détourné de sa mauvaise voie, a tourné sa face vers la lumière. Et le Père lui a ouvert ses bras. Tel est l'enseignement de Jésus. Celui de ses interprètes est tout autre.

Il réduisait à deux seuls commandements : l'amour de Dieu, l'amour du prochain, toute la loi et les prophètes. Cela était admirablement simple et d'une compréhension à la portée de tous les esprits. On n'a pas su, on n'a pas voulu s'y tenir. Les dogmes ont été accumulés sur les dogmes. On a postulé d'abord le péché originel qui a vicié l'humanité jusque dans ses racines les plus profondes. On a conclu, ensuite, de la corruption congénitale de tous les hommes à la nécessité du baptême pour les petits enfants, au sacrifice expiatoire du Fils de Dieu, Dieu lui-même, médiateur obligé entre le pécheur et Celui qui est trop pur pour voir le mal. Il a fallu le plus inexpiable des crimes, un déicide, pour expier le moindre, la faute d'Adam.

Il serait facile de multiplier les points de formelle contradiction entre Jésus et ceux qui se proclament ses disciples, à l'exclusion de tous les autres. Mais cela nous entrainerait trop loin.

Ces rapides observations suffisent, au reste, pour nous mettre à l'aise. Si le christianisme doctrinal est en opposition avec le Christ, nous pouvons sans crainte accepter d'être en opposition avec le christianisme de la tradition. Plus nous nous éloignerons de celui-ci, plus nous aurons de chance de rencontrer le doux Nazaréen.

Mais le mot lui-même de christianisme est bien vague. Le christianisme n'est pas un, il est multiple, il est légion. A quels signes certains reconnaitre le plus vrai, le plus authentique ? Tous se prétendent supérieurs aux autres, tous, au besoin, se contredisent, se persécutent, s'anathématisent. Quelle distance du catholicisme infaillible au rationalisme qui peu à peu envahit les Eglises protestantes en passant par tous les échelons intermédiaires.

Je prétends plus. Non seulement le spiritisme n'est pas contraire à l'enseignement de Jésus. L'Eglise primitive était spirite, bien plus que chrétienne au sens actuel du mot. Que si l'on m'objecte l'inintelligence des premiers chrétiens, *chez qui tout était commun,* je demande qu'on me montre en quoi ceux d'aujourd'hui savent mieux aimer, mieux se dévouer, mieux se sacrifier qu'ils ne faisaient eux-mêmes. Je demande qu'on me démontre en quoi les assemblées chrétiennes de nos jours sont plus sérieuses, plus recueillies, plus édifiées que celles dont saint Paul fait la description suivante : « Que faut-il donc faire, mes frères ? Lorsque vous vous assemblez, quelqu'un de vous a-t-il un cantique, a-t-il une instruction, a-t-il à parler une langue étrangère, a-t-il une révélation, a-t-il une interprétation ? Que tout se fasse pour l'édification. S'il y en a qui parlent une langue inconnue, qu'il n'y en ait que deux ou trois, au plus, qui parlent l'un après l'autre ; et qu'il y en ait un qui interprète. Que s'il n'y a point d'interprète, que celui qui parle se taise dans l'Eglise et qu'il parle à lui-même et à Dieu. Qu'il n'y ait aussi que deux ou trois prophètes qui parlent, et que les autres en jugent. Et si un autre de ceux qui sont assis a une révélation, que le premier se taise. Car vous pouvez tous prophétiser l'un après l'autre, afin que tous apprennent, et que tous soient exhortés. Et les esprits des prophètes sont soumis aux prophètes ; car Dieu n'est point un Dieu de confusion, mais un Dieu de paix, comme on le voit dans toutes les Eglises des saints. » (I Cor., ch. XIV, v. 26-33.)

Quand l'apôtre parle de la sorte, ne vous semble-t-il pas qu'il décrive une réunion spirite avec incarnations, bien plus qu'une réunion proprement chrétienne ? Ce n'est pas le moment de nous arrêter à l'action des invisibles dans notre monde. La question sera examinée plus loin. Mais il était bon de rappeler dès maintenant des choses qui établissent que si nous sommes, sur certains points, en désaccord avec tel ou tel des christianismes de notre temps, nous sommes bien près d'être d'accord avec celui des premiers jours, avec la doctrine elle-même de Jésus.

3° Avons-nous tort d'évoquer les morts ? Jésus, dit M. Flournoy, répondait aux matérialistes de son temps, non par des évocations spirites, mais par cette simple remarque : « Dieu n'est pas le Dieu des morts, mais des vivants, car pour lui tous sont vivants. » Nous sommes tout à fait du même avis. Pour Dieu, tous sont vivants. Mais nous allons plus loin. Nous voulons que tous soient vivants pour nous aussi. Et en voulant cela, nous ne croyons pas le moins du monde aller à l'encontre de la pensée du Christ. Nous n'oublions pas que s'il n'a pas évoqué les morts, les morts, d'eux-mêmes, dans une circonstance solennelle, sont allés à lui. Moïse et Elie se sont entretenus avec lui dans la scène de la Transfiguration. Lorsqu'il eut expiré sur la croix, « des sépulcres s'ouvrirent, et plusieurs corps des saints qui étaient morts ressuscitèrent ; et étant sortis de leurs sépulcres après sa résurrection, ils entrèrent dans la sainte cité, et ils furent vus de plusieurs personnes. »

Si les Evangiles sont vrais, s'ils rapportent fidèlement les événements qui se sont passés en ces jours tragiques, c'est donc qu'il a plu à Dieu de donner aux hommes la preuve certaine, tangible, spontanée de la survivance des âmes. En nous souciant, comme d'un fétu, d'une si glorieuse manifestation, ne risquons-nous pas de mépriser les dons de Dieu ? Si, dans son infinie bonté, il nous entr'ouvre les portes de l'au delà; s'il nous envoie des apparitions; s'il nous fait voir vivants ceux que nous croyions morts, lui dirons-nous : Non, pas cela, Seigneur; nous ne voulons pas voir, nous ne voulons pas entendre, nous ne voulons pas connaître. Nous avons confiance en toi. Cela nous suffit.

C'est beau le dédain des grâces divines ; j'admire ce parfait détachement, je ne le crois pas vraiment chrétien. Du temps où Jésus parcourait la Galilée, quand déjà sa réputation s'était répandue dans tout le pays, il s'est trouvé des hommes, d'entre les meilleurs et les plus intelligents d'Israël, pour afficher à son égard la même superbe indifférence. « Peut-il venir quelque chose de bon de Nazareth ? » disaient-ils. Ils avaient pour eux, sans doute, les snobs de l'époque; mais étaient-ils dans la vérité ?

Or, si les âmes apparaissent de leur plein gré, sans appel de notre part, — et toute l'histoire en fait foi, — pourquoi n'essaierions-nous pas, en leur facilitant la tâche qu'ils assument, de multiplier les rapports d'eux à nous. Est-ce un bien ? Est-ce un mal ? J'estime que c'est un bien. Je dis plus : c'est une nécessité. Car, si tous sont vivants en Dieu, ils ne le sont pas ou ne le sont guère pour la masse des croyants. Beaucoup les font dormir d'un sommeil sans rêve ni pensée, sans volonté ni action, sans connaissance ni amour. Ils ne se réveilleront de cette torpeur mortelle, de cet évanouissement d'eux-mêmes, qu'au jour où résonnera la trompette du jugement dernier. D'autres, sans les anéantir tout à fait au même degré, ne leur accordent qu'une vie de demi-teinte, de clair-obscur, pour un peu je dirais une vie éteinte. Ils se reposent : ce mot dit tout. Eh bien ! pour nous, spirites, les morts vivent vraiment ; ils vivent de la plénitude de la vie. Ils n'ont perdu ni le souvenir du passé ni la volonté de l'avenir. Ils agissent, ils pensent, ils se meuvent, ils aiment ; ils sont eux-mêmes, ce que nous les avons connus, tels qu'ils nous ont été chers. S'ils ne disparaissent jamais aux yeux de Dieu, ils reparaissent quelquefois aux nôtres. Et cela est quelque chose, quelque chose de très grand et de très haut, une lumière dans la nuit, le *sursum corda* des heures découragées.

Notre confiance en Dieu en est-elle diminuée ? Nullement. Son amour nous est plus sensible. Nous l'en aimons mieux.

Mais on nous cite ces paroles : « S'ils n'écoutent pas Moïse et les prophètes, ils ne se laisseront pas non plus persuader quand même l'un des morts ressusciterait. » (Luc XVI, 31.)

Ces paroles ne prouvent rien, du moins ne prouvent-elles pas ce qu'on voudrait leur faire prouver. S'il suffisait d'écouter Moïse et les prophètes, pourquoi le Christ serait-il descendu du monde métaphysique dans le monde physique ? Il y a contradiction de cette affirmation à cette action. Mais voici mieux. Supposez que le Christ ne soit pas ressuscité, la conscience religieuse et morale des apôtres eût-elle suffi à l'accomplissement de leur œuvre ? Comparez l'état d'esprit où ils sont avant et après la résurrection du Maître. Ce ne sont pas les mêmes hommes. Ils craignaient tout, ils ne redoutent plus rien. Leur foi était chancelante. Elle est bâtie désormais sur le roc inébranlable d'un fait. Il n'avait fallu que le mot d'une servante pour rendre Pierre lâche jusqu'à la trahison. Il est prêt maintenant à affronter toutes les menaces et tous les dangers. Donc, la vue d'un mort, une résurrection n'est pas indifférente à la conversion d'un homme. Qu'est-ce encore qui de Saul, le persécuteur, a fait l'apôtre Paul ? Une apparition, la vision d'un mort se montrant dans sa gloire.

L'habitude émousse les impressions. Les mêmes causes ne produisent pas des effets identiques en des temps divers. De là la nécessité de secousses spéciales, rudes parfois, pour nous arracher à la torpeur dans laquelle nous tombons si aisément. C'est tantôt un deuil cruel, tantôt une catastrophe inattendue, ou un amour brisé qui renouvellent la conscience morale et religieuse ; c'est souvent le retour d'un mort, vu en songe ou dans la réalité. De là l'immense attrait du spiritisme pour les âmes angoissées. Il est facile, sans doute, de parler avec dédain des « béquilles » spirites sans lesquelles beaucoup ne savent plus marcher dans la vie. Tant mieux pour les forts et les vaillants qui s'en peuvent passer ! Mais qu'on les laisse, si elles sont réelles, aux faibles et aux vieillards qui en ont besoin. Et d'ailleurs, si l'on parle de béquilles, est-ce que ceux qui vivent du christianisme, sous l'une quelconque de ses formes, n'ont pas aussi les leurs qu'ils estiment nécessaires à leur sécurité ? Elles sont autres, soit; ce sont toujours des béquilles. Les seuls forts, dans ce cas, ce seraient — étrange retour ! — les matérialistes et les athées qui, eux, ne réclament le soutien ni le secours d'aucune puissance supérieure spirituelle, à qui la vie telle quelle suffit. Est-ce cela qu'on veut ?

4° On reproche au spiritisme d'être à double face :

« Je suis oiseau, voyez mes ailes !
Je suis souris, vivent les rats ! »

Nous avons, assurément, des faits et des manifestations qui sont de l'ordre scientifique. Assurément encore, nous tirons de ces faits et de ces manifestations des conséquences philosophiques et morales — je ne sais si je dois ajouter religieuses — qui suffisent à la vie spirituelle de plusieurs.

Mais sommes-nous vraiment si peu sérieux qu'on veut bien le dire? Nous abritons-nous avec la simplicité déconcertante qu'on prétend derrière nos faits pour prouver nos doctrines, et derrière nos doctrines pour garantir nos faits, sans pouvoir appuyer, sans appuyer effectivement les uns et les autres de raisons et d'arguments solides? Ce n'est pas mon impression. Et ce n'est pas celle sans doute des Myers, des Hodgson, des Wallace, des Aksakof, de tant d'autres qui, après de longues hésitations et de patientes recherches, en viennent à conclure comme nous : preuve évidente que ces naïfs que sont les spirites n'avaient pas si mal raisonné ni si superficiellement observé que d'aucuns se l'imaginent.

Fuirions-nous la discussion ou la lumière du grand jour? Nos adversaires savent bien que non. Tout le volume : *Des Indes à la Planète Mars* en est la démonstration la plus éclatante. On assure cependant que nous prenons aisément des vessies pour des lanternes. Il est possible. Tout homme est sujet à l'erreur. Mais, ou je me trompe fort, ou il arrive à ceux qui nous taxent de cette légèreté de prendre des lanternes pour des vessies. Si c'est une supériorité, nous ne la leur envions pas.

Au reste, la double nature dont on fait comme un crime au spiritisme se retrouve partout. La science constate des faits et échafaude des hypothèses. A l'origine de toute religion, il y a un fait, une vie. C'est sur ce fait, sur cette vie qu'on édifie successivement l'ensemble des dogmes qui, dans la suite, seront la marque distinctive d'une religion donnée. Le christianisme, en particulier, a, pendant dix-neuf siècles, fondé toutes ses prétentions sur cette tautologie : prouver la divinité de l'Eglise par l'autorité de la Bible, et l'autorité de la Bible par la divinité de l'Eglise.

Cependant le mal qui est dans les autres ne guérit pas celui qui est en nous. Nous aurions tort de nous complaire dans la contemplation des vices ou des défauts d'autrui. Mieux vaut regarder à nous, en nous, pour corriger, s'il se peut, ce qu'il y a de défectueux dans notre manière d'être et de faire.

Avouons-le donc : Si nous ne sommes pas tout à fait aussi naïfs qu'on nous accuse de l'être, il n'en demeure pas moins que, souvent, nous sommes trop crédules et nous laissons convaincre à trop bon compte. Nous n'allons pas assez au fond des choses. L'apparence, en bien des cas, nous suffit. Nous prenons volontiers pour de l'or authentique ce qui n'est que du similor.

Ce fait dûment constaté, un devoir s'impose : apprendre à disséquer plus exactement et avec une rigueur plus grande les manifestations dont nous sommes les témoins. Les phénomènes psychiques sont d'une extrême complexité. Il y intervient des facteurs divers. La suggestion y joue son rôle ; l'autosuggestion aussi. On y rencontre de la télépathie, autre chose encore. Vouloir ignorer ces éléments hétérogènes ou les passer sous silence ne servirait de rien. La vérité s'accommode malaisément de nos convenances personnelles. Elle est. On la doit rechercher pour elle-même. Plus nous serons précis, sévères, impitoyables dans l'examen des faits, mieux nous servirons la cause qui nous est chère.

M. Flournoy, dans sa riche étude d'un cas particulier, nous donne des modèles d'analyse admirable. Il va du fait actuel à ses causes antécédentes, cherche, furette, s'informe, s'enquiert, n'a de cesse que lorsque toutes les sources possibles de renseignements sont épuisées. Si, parfois, il dépasse le but, et par conséquent le manque, il n'en demeure pas moins que la méthode scientifique, qui est la sienne, devrait être la nôtre. C'est à sa lumière que nous apprécierons avec le plus de sûreté les phénomènes que nous étudions.

Un autre avantage en résultera pour nous. Nous serons plus tolérants. A sonder le fond des choses, on comprend mieux leurs multiples aspects et les conclusions variées auxquelles elles se prétent. Toutes nos vérités, d'ailleurs, ne sont que des vérités relatives et partielles. Comment songer à les imposer comme absolues ? Est-ce ma faute si je ne sens ni ne pense pas comme vous, si j'ai de la vie et des destinées humaines une conception qui n'est pas la vôtre ? Autant vaudrait reprocher à la rose de ne pas exhaler le parfum de la violette, à la violette de ne pas étaler au soleil les couleurs éclatantes de la rose. Soyons sincères, d'abord, et croyons à la bonne foi des autres, à leur loyauté intellectuelle et morale. Ainsi naîtront, entre les opinions divergentes et ceux qui s'en font les protagonistes, une estime réciproque, une bonne volonté mutuelle, et bientôt la charité, en dehors de laquelle, répétons-le avec le spiritisme, il n'y a pas de salut.

5° Un autre grief, c'est la lamentable vulgarité des messages obtenus. Aussi M. Flournoy les souhaite-t-il faux avec toutes les démonstrations du spiritisme. « Et si ces démonstrations sont vraies, si réellement il est dans la loi de la nature que, pendant de longues années encore, après cette terrestre existence, nous nous traînions lamentablement de table en table et de médium en médium, les meilleurs d'entre nous (pour ne pas parler des autres) étalant sans pudeur les preuves de leur décrépitude mentale en de pitoya-

2

bles balivernes et d'ineptes vers de mirliton, eh bien, tant pis! C'est une misère et une honte de plus ajoutées à toutes celles dont est tissé ce satanique univers, une nouvelle calamité venant couronner les maux physiques et moraux d'un monde contre lequel le chrétien proteste toutes les fois qu'il répète : *Que ton règne vienne*, un scandale additionnel condamné à disparaître avec les autres quand Son Règne sera venu. Mais ce n'est en aucun cas ce que réclame ou espère la conscience morale et religieuse de l'humanité ; cela est sans rapport avec la bonne nouvelle du christianisme. » (P. 390-391.)

Voilà des paroles et bien sévères et bien injustes. La haine est mauvaise conseillère ; elle égare les meilleurs esprits. Où a-t-on vu que nous *devions* — je souligne le mot — nous traîner de table en table et de médium en médium. Il n'y a à cela aucune nécessité naturelle ni surnaturelle. Je ne sache pas qu'aucun spirite ait jamais prétendu obliger, quel esprit que ce soit, à se manifester à lui. Nous reconnaissons à ceux de l'au delà la liberté que nous réclamons pour nous. Ils viennent ou ils ne viennent pas à nos séances, paraissent sur la scène ou restent dans la coulisse, suivant qu'ils préfèrent l'une ou l'autre alternative. J'ajoute que s'il leur plaît de vivre métaphysiquement dans un monde métaphysique, nous n'y voyons aucun inconvénient. Je doute seulement que l'immense majorité soit capable de comprendre une « vie éternelle » qui ne serait pas une « survivance empirique, spatiale et temporelle. »

Quant à prétendre que les invisibles étalent à nos yeux, « sans pudeur, les preuves de leur décrépitude mentale en de pitoyables balivernes et d'ineptes vers de mirlitons », c'est une autre injustice, et c'est de plus une impardonnable contre-vérité.

Sans doute, les communications ne sont pas toutes de haute envolée. Faut-il cependant s'en étonner ou s'en scandaliser? Considérons plutôt les hommes parmi lesquels nous vivons. Ils ne sont ni très distingués intellectuellement, ni moralement très supérieurs. Rares sont ceux chez qui s'observent des facultés ou des vertus transcendantes. Alors, je demande au nom de quelle vérité morale ou scientifique, au nom de quel principe logique, on prétendrait exiger de ceux d'outre-tombe des messages qui seraient sans relation aucune avec leur état spirituel? A moins de postuler un « miracle universel, » le plus extraordinaire qu'il soit possible de rêver; à moins de supposer je ne sais quel sublime magicien qui, au moment de la mort, d'un coup de sa baguette toute-puissante, métamorphoserait l'homme au point de le rendre méconnaissable à lui-même et aux autres, à moins de ce miracle et de ce magicien, les communications sont donc, à peu près, ce qu'elles peuvent, ce qu'elles doivent être.

Je dis bien : *à peu près*. Car des causes diverses entravent la pleine et libre manifestation de l'invisible. Si la suggestion existe, et si elle a le dixième seulement de la puissance qu'on lui prête; si, en outre, l'autosuggestion est un fait, il est certain que les inspirations du monde supra-terrestre ne nous arrivent que déformées et incomplètes. Que l'on ajoute à ces sources d'erreur les interruptions, les tiraillements en sens divers, l'action souvent brutale des assistants et des expérimentateurs, et l'on sera moins surpris des résultats défectueux qu'on obtient, des inexactitudes qui se glissent dans les meilleurs messages.

Il y a bien d'autres difficultés dans nos expériences. Les médiums, souvent, se font illusion, soit sur la valeur elle-même des communications, soit sur les esprits qui sont censés se manifester par leur truchement. La conscience subliminale entre en scène dans les phénomènes. Plus d'une fois, croyant avoir affaire à des esprits, ils se révèlent tout simplement eux-mêmes à eux-mêmes.

Tout cela est vrai, mais rien de tout cela ne justifie la virulente sortie que vous venez d'entendre.

Quels que soient, au reste, les obstacles auxquels nous nous heurtions, des communications existent qui défient le reproche. Elles ne sont pas misérables, ni ne marquent point de décrépitude morale ou mentale. Ce qu'elles disent, ce ne sont pas de pitoyables balivernes, ni d'ineptes vers de mirliton. On se rappelle le « Mystère d'Edwin Drood. » Ch. Dickens est mort, laissant inachevée cette œuvre. Or, aux Etats-Unis, dans une séance spirite, un message fut obtenu, signé de Ch. Dickens. Lui-même choisit, pour son médium, un jeune homme qui n'avait fait que des études primaires. Lentement, graduellement, il le prépara pour la tâche à laquelle il le destinait. Quand il le sentit à point, il lui conduisit la main et lui fit écrire la suite de son œuvre. Les deux parties, ainsi soudées, s'enchaînent, dit-on, si exactement, les personnages sont, du commencement à la fin, si parfaitement semblables à eux-mêmes, les particularités du style et d'orthographe sont si bien celles de Dickens, qu'il est impossible de distinguer ce qui a été écrit avant la mort de ce qui l'a été *post mortem*.

C'est, je le veux bien, une œuvre exceptionnelle. Mais elle existe, et se suffit à elle-même. Il n'y a pas, que je sache, de théorie ni d'hypothèse proprement scientifique qui puisse l'expliquer.

Mais, sans franchir l'Atlantique, n'avons-nous pas, ici-même, un médium, je ne parle pas de Mlle Smith, dont les écrits, soit en prose, soit en vers, feraient honneur à des écrivains de profession. Ils ne sont pas si nombreux ceux qui seraient capables de composer : *La Spiritualisation de l'Etre*, ou tel poème dont on a pu lire des fragments plus ou moins importants. Tout n'est donc pas banal ni inepte dans les messages des médiums. « Les meilleurs d'entre nous » peuvent, dès lors, pourvu qu'ils choisissent bien leur truchement, revenir dans le monde des vivants sans trop craindre d'étaler les preuves de leur décrépitude. Ou, s'ils ont cette peur, ils n'ont qu'à s'abstenir. Nous ne forçons ni ne voulons forcer personne. Ainsi tombent d'elles-mêmes les cruelles paroles que nous avons ci-dessus citées.

Laissons un moment les messages spirites. On nous disait, tout à l'heure : « Dieu est, cela me suffit. » Et voici que, quelques lignes plus loin, l'œuvre de Dieu, l'Univers, est satanique. Il y a, ce semble, contradiction dans les termes. Et quant au règne de Dieu, qu'on attend depuis deux mille ans en vain, ne se trompe-t-on pas sur sa nature? On le place dans la vie éternelle, dans cette vie qu'on nous dit être en dehors du temps et en dehors de l'espace, abstraction mystérieuse et incompréhensible. Si, pourtant, il n'était pas ce qu'on s'imagine ; s'il était quelque chose de concret et de tangible ; si, au lieu de le placer dans un au delà inaccessible, nous étions appelés à le réaliser, ici-bas, par une amélioration constante et progressive de nos conditions d'existence ? Ne se pourrait-il pas alors que ce scandale additionnel du spiritisme fût tout simplement une superbe vérité méconnue ? On le croit appelé à disparaître, à la venue de son règne. Qui sait s'il n'en est pas la préparation et, peut-être, en son plein épanouissement, ce règne lui-même.

Pour ce qui est de prétendre que ce n'est pas ce que réclame ou espère la conscience morale et religieuse de l'humanité, ce n'est encore là qu'une toute gratuite affirmation. Il n'y a pas longtemps, on nous reprochait de vouloir placer l'humanité entre les deux cornes de ce dilemme : ou spirites, ou matérialistes. Et voici qu'oubliant la vastitude et la diversité de l'esprit humain, on nous place devant un autre dilemme tout aussi étroit. De deux choses l'une, nous dit-on, ou vous penserez comme moi, ou vous montrerez votre ignorance de ce que réclame ou espère la conscience morale et religieuse de l'humanité.

Le croyant, le philosophe, le métaphysicien font, dans le cas actuel, quelque peu de tort au logicien impeccable, à l'éminent critique, au savant à large envergure que nous connaissons. Qui, d'ailleurs, peut parler absolument de ce que réclame ou espère la conscience morale et religieuse de l'humanité? Sont-ce les millions et les milliards d'êtres humains qui, dans le passé, ont partagé *nos* espérances et *nos* croyances? Sont-ce les millions et les dizaines de millions qui, depuis cinquante ans, après un idéal qui était peut-être celui qu'on nous oppose, se sont tournés vers celui auquel nous nous rattachons? Sont-ce les centaines de millions qui, dans l'Inde, en Chine, au Japon et ailleurs, n'ont pas cessé de partager les convictions qui sont les nôtres. Sont-ce les catholiques, les protestants, les Grecs orthodoxes? Ou faudra-t-il que tous humilient leur foi devant celle de quelques-uns qui, ayant reçu des révélations spéciales à ce sujet, parlent de régression, d'atavisme, de retour vers les origines du berceau de l'homme. Je l'ignore. Ce dont je suis bien sûr, par contre, c'est qu'il y a, non pas une conscience morale et religieuse de l'humanité, mais plusieurs. L'absolu n'est pas de notre monde, ni l'unité. Aussi longtemps que les âmes ne se seront pas fondues dans la Grande Ame universelle; que la vérité-une ne se sera pas révélée identique à tous, la porte restera ouverte à des possibilités multiples et diverses, à moins de proclamer quelque nouvelle infaillibilité qui ait le droit et la puissance d'imposer à tous l'idée particulière qui devra être celle de la conscience morale et religieuse de l'humanité.

Il faudrait ainsi examiner successivement toutes les affirmations de l'auteur. Mais sachons nous borner à quelques points essentiels. Et d'abord :

La Recherche de la Vérité.

Dans un ouvrage qui précisément porte ce titre, Malebranche dit : « L'erreur est la cause de la misère des hommes : c'est le mauvais principe qui a produit le mal dans le monde ; c'est elle qui fait naître et qui entretient dans notre âme tous les maux qui nous affligent, et nous ne devons point espérer de bonheur solide et véritable qu'en travaillant sérieusement à l'éviter. » (Tome I, p. 1-2.)

Mais comment éviter l'erreur? Comment rencontrer la vérité? La première condition est une entière sincérité vis-à-vis de nous-mêmes, une rigoureuse loyauté vis-à-vis de l'objet de nos recherches. La vérité est si belle et si désirable qu'on ne peut la voir, semble-t-il, sans l'aimer, ni la connaître sans y adhérer. Telle, du moins, elle nous apparait. L'apparence, malheureusement, ne correspond pas à la réalité. Nous avons derrière nous un tel passé d'erreurs et d'illusions ; nos âmes sont tellement pétries de préventions, de préjugés et de partis-pris ; nous avons la tête farcie de tant de contre-vérités ou de vérités incomplètes, que nous en sommes comme aveuglés. Les objets qui nous réclament ; ceux qu'on a offerts à notre jeune pensée comme seuls dignes de l'occuper ; les terreurs qu'on nous a inspirées ; les espérances qu'on a fait luire à nos yeux ; toute une longue éducation ; des habitudes qui nous sont devenues une seconde nature, ont littéralement déformé nos esprits. Nous regardons les choses comme à travers des verres tour à tour concaves ou convexes. Toujours nous les voyons autres qu'elles ne sont.

Ce n'est pas notre intelligence seule qui se trouve viciée de la sorte. Le cœur lui-même et la conscience ont perdu de leur simplicité, j'allais dire de leur plasticité. Le bien et le mal, ce qui est digne d'amour et ce qui mérite la haine s'y sont inextricablement confondus. Nous avons des lueurs qui, jaillissant soudain, nous éclairent, pareilles à des phares dans la nuit. Nous n'osons ni les croire ni les suivre. La peur de nous singulariser nous paralyse. Comment marcherions-nous dans des voies où les autres refusent d'entrer? Aussi, au lieu de vivifier et de renforcer les lueurs incertaines qui frappent nos regards, les évitons et les fuyons-nous. Elles ne tardent pas à s'affaiblir de notre abandon et bientôt s'éteignent. Nous retombons dans les ténèbres.

En fait, nous n'aimons pas la vérité pour elle-même. Nous la voulons accommodée à notre goût.

Le plus grand reproche, peut-être, qu'on puisse faire à notre système éducatif, c'est de vouloir rétrécir le champ de nos expériences; de marquer des limites, tant à la connaissance elle-même qu'aux objets de la connaissance. Tels domaines sont ouverts à notre investigation, tels autres lui sont interdits, comme si personne pouvait avoir le droit d'enclore de murs telle ou telle partie de l'univers.

Ce qui étonne davantage, c'est que ce ne sont pas les vérités morales et religieuses seulement qui nous répugnent. Pour un grand nombre, toujours, le nouveau, c'est l'ennemi. On a des théories auxquelles on tient. On n'admet pas que quiconque en ébranle la solidité. Et s'il arrive que les faits sont indéniables, eh bien! on boudera les faits, préférant la relégation en sa tour d'ivoire à l'aveu d'une vérité nouvelle.

Elie de Beaumont, le grand géologue, ne croyait pas, ne voulait pas croire à l'homme fossile. L'homme fossile était une utopie, une rêverie inconsistante de songe-creux. Mais voici que Boucher de Perthes découvre, aux environs d'Amiens, des pierres taillées, percées, polies, qui dénotent indubitablement l'action humaine. Des savants étudient ces pierres. On en trouve d'autres, et d'autres encore. Le doute n'est plus possible. L'homme fossile a réellement vécu, il n'est pas un mythe. Que fait Elie de Beaumont? Il ne conteste plus, il n'avoue pas davantage. Il boude. Il avait l'habitude de passer, chaque année, quelques semaines dans le département de la Somme. Depuis la grande découverte de Boucher de Perthes, jamais plus il n'y reparut. Il n'aimait pas la vérité ni la science. Il s'aimait tout simplement lui-même dans ses théories. Combien sont-ils ceux qui lui ressemblent et qui marchent sur ses traces?

Si triste que soit cette constatation, il la faut faire : ce n'est pas tant l'amour de la vérité qui nous presse à des recherches déterminées que le désir de trouver en faute ceux qui nous y ont devancés. Lorsque Robert Hare, lorsque Mapes, en Amérique, commencèrent l'étude des phénomêmes spirites, ils n'avaient pas en vue d'ajouter à nos connaissances. Ce qu'ils voulaient, c'était découvrir et dévoiler les trucs à l'aide desquels les prétendus médiums obtenaient les faits qui mettaient tant de cervelles à l'envers. L'entreprise tourna contre eux. Ils furent pris dans l'engrenage, et s'honorèrent en reconnaissant l'authenticité des manifestations médianimiques.

Il en fut de même de Crookes. Il voulait, lui aussi, démasquer la fraude spirite, dont la puissance de propagation l'effrayait. Comme Mapes et comme Hare, il fut convaincu. Comme eux, il rendit hommage à la vérité : « Je ne dis pas que cela est possible. Je dis que cela est. » Et les mêmes hommes qui, d'abord, avaient applaudi à sa tentative, parce qu'ils voyaient dans l'illustre savant un nouvel archange terrassant, sous le poids de sa science, un nouveau Satan, maintenant ne trouvaient pas, dans leur vocabulaire, assez de sarcasmes, assez d'injures, assez d'accusations ineptes pour déconsidérer celui qui, hier, était l'orgueil de la nation. Crookes était un détraqué et un fou. La vieillesse avait ravagé son cerveau. Il souffrait de dégénérescence. Sa belle intelligence était perdue. C'est, encore une fois, qu'on avait espéré, non la publication de la vérité, quelle qu'elle fût, mais la proscription pure et simple du spiritisme.

Il faut l'avouer. Il y avait de quoi s'impatienter ; on jouait vraiment de malheur. Tous ceux, je parle des hommes sérieux, dont le but était la démonstration, pour l'édification des sceptiques, de l'inanité des recherches spirites, se laissaient, les uns après les autres, prendre dans les filets des médiums. Quelque chose se montra plus fort que leurs préventions : le fait. On peut différer quant à son explication. Il est impossible de nier son existence.

Mais voici la *Société Dialectique*. Elle se met à l'œuvre à son tour. Le spiritisme n'a qu'à se bien tenir. Il se tient si bien que les commissaires, tous des hommes de haute valeur, se laissèrent, la plupart, convertir aux faits, quelques-uns même aux théories dont ils avaient rêvé la mort. Une fois de plus, la force des manifestations et leur incontestable évidence réduisaient à néant les prévisions, les désirs et les espérances des hommes de parti-pris.

Pourquoi rappelé-je ces choses? C'est qu'aujourd'hui encore, l'étude du spiritisme s'accompagne des mêmes sentiments hostiles, suscite les mêmes suspicions. On a beau dire qu'on observe les phénomènes pour eux-mêmes. Presque toujours, il subsiste des arrière-pensées. On ne les regarde pas du même œil qu'une expérience de physique ou de chimie. Il semble qu'il s'y cache je ne sais quel ennemi dont on se défie et dont on redoute les surprises. On n'arrive que rarement à cette neutralité morale et intellectuelle, qui est l'une des formes de la sincérité, et qui seule permet de voir les choses telles qu'elles sont. On reste sur la défensive, je ne dis pas dans l'expectative, pour mieux les plier à ce qu'on voudrait qu'elles fussent. Consciemment ou inconsciemment, on se laisse aller à donner ce petit coup de pouce qu'on a si souvent reproché aux médiums, qui tantôt ajoute aux phénomènes et tantôt les diminue, qui, inévitablement, les pervertit dans une certaine mesure et nuit à leur claire perception comme à leur exacte interprétation.

Voyez le savant auteur : *Des Indes à la Planète Mars*. Assurément, il n'est pas de ceux qui pratiquent la « philosophie d'autruche », ni de ceux « qui encombrent la route de la vérité de leurs infaillibilités », personnelles ou autres. Sa logique non plus n'est pas à l'emporte-pièce ; il ne vous enferme pas dans des « dilemmes de grand inquisiteur ». Les « médecins à œillères » ne lui disent rien qui vaille. Il estime qu'il faut chercher, et non seulement chercher, mais croire à la possibilité de trouver.

Malgré cependant ces dispositions qui sont excellentes, il ne s'est peut-être pas placé dans les conditions les meilleures pour l'investigation des phénomènes spirites. Ainsi que nous l'avons dit, l'observateur doit être strictement impartial, c'est-à-dire n'incliner *à priori* ni pour ni contre l'objet de ses recherches. Or, tel n'est pas le cas de notre auteur. S'il n'est pas hostile aux manifestations en elles-mêmes, il ne veut pas qu'elles démontrent l'action de l'invisible. Le spiritisme lui est en horreur. « C'est une misère et une honte de plus ajoutées à toutes celles dont est tissé ce satanique univers,... une nouvelle calamité,... un scandale additionnel... » En même temps, « c'est un sujet qui a le don de le mettre en gaieté et qui le porte d'instinct à batifoler ». « Il a ordinairement beaucoup de peine à garder son sérieux en présence des manifestations des désincarnés. » Nous disposons d'une « pacotille de théories » dont il ferait volontiers des « théories de pacotille ».

Remarquez bien que sa volonté consciente n'est pour rien dans tout cela. Il se reproche amèrement cette humeur facétieuse, comme aussi, je pense, l'impression plutôt bouffonne que lui laisse la doctrine, avec son cortège de conséquences et de preuves à l'appui. Le coupable, c'est ce satané subliminal qui s'infiltre partout, et partout exerce ses ravages. On voudrait aimer la vérité pour elle-même, sans aucune préoccupation étrangère, mais voici que des profondeurs de l'être s'élève, insidieuse et perverse, la voix mystérieuse, mais toute-puissante, de la conscience subliminale qui souhaite fausses les démonstrations qui sont ou pourraient être vraies.

* *

On sait quel rôle considérable joue la suggestion dans les expériences psychiques, jusqu'où va la suggestibilité des médiums. Ce fait, dûment constaté, quel est le devoir de l'observateur? S'efforcer de rester neutre, faire le possible et l'impossible pour laisser au phénomène toute sa sincérité et toute sa spontanéité. Au lieu de cela, que voyons-nous? Des interventions actives qui tendent à le modifier à tout bout de champ, soit que l'on tente des expériences physiologiques sur le sujet, soit que l'on interrompe la communication par des questions et des observations qui en entravent la libre allure, ou la dévient vers d'autres directions.

Cette façon de procéder peut avoir ses avantages ; elle a sûrement de très graves inconvénients. Une étude aussi délicate exige une grande délicatesse.

Pèche-t-on par ignorance? — Nullement. Car voici ce que dit l'auteur : « Si l'on continue trop longtemps à expérimenter sur Hélène et à la questionner, on gêne le développement des visions originales, et elle arrive facilement à un degré de suggestibilité où l'on retombe sur le répertoire classique des représentations publiques d'hypnotisme. »

« Si l'on a évité toutes ces investigations perturbatrices, dit-il encore, le déroulement spontané des automatismes se fait avec plus de rapidité et d'ampleur. »

Ajoutons à ces aveux le conseil suivant de Léopold : « Dis-leur d'abord qu'ils fassent le moins de mouvement possible ; souvent ce qui nuit aux phénomènes, ce sont les allées et venues, et les causeries inutiles dont vous ne vous lassez jamais. »

On est donc prévenu, surabondamment prévenu. On n'en continue pas moins à déranger, à traverser, à interrompre les manifestations en cours. Le savant qui manie des substances mortes agit avec plus de précaution. S'agit-il d'une réaction chimique, d'une cristallisation en voie de formation, on surveille l'opération, on la suit pas à pas, on ne la trouble ni on ne l'agite point. L'expérience en deviendrait facilement fautive.

Voilà donc une source d'erreur évidente qui n'a sa cause ni dans le médium ni dans l'invisible. C'est l'expérimentateur qui, en usant de la sorte, provoque des phénomènes non ingénus, des phénomènes sophistiqués.

On ne s'inquiète pas trop, au reste, de cette sophistication, possible ou réelle. On serait même fâché de découvrir et d'avouer la vérité spirite. « J'avoue que je regretterais bien un peu le jour où il me faudrait voir, dans la médiumnité de Mlle Smith, des révélations authentiques de faits véritables plutôt que le beau poème subliminal que j'ai admiré jusqu'ici. » (Pag. 114.)

D'autre part, on rabaisse, autant que l'on peut, la valeur de certaines expériences. Parlant de la peinture de Mars, on dit : « Jamais une personne adulte, moyennement cultivée et ayant quelque expérience de la vie, ne perdrait son temps à élaborer de pareilles sornettes, — Mlle Smith moins que toute autre, intelligente et développée comme elle l'est dans son état normal. »

Pourquoi, répondrai-je, une personne moyennement douée ne perdrait-elle pas son temps à élaborer de pareilles sornettes, quand elle trouve, pour les écouter et les étudier, des hommes doués supérieurement, des professeurs, voire des professeurs d'université ? C'est un peu l'histoire du pêcheur et de l'homme qui le regarde. Le premier reste toute la journée immobile au bord de l'eau, sa ligne en main, sans rien prendre. Le second, du haut de la berge, l'observe du commencement à la fin, sans plus bouger que lui, s'étonnant de tant de patience sereine, de tant de suave bêtise, sans s'apercevoir que sa patience et sa bêtise à lui sont plus phénoménales et s'expliquent moins:

Je n'insiste pas davantage. Il suffit de ce qui précède pour comprendre que l'auteur : *Des Indes à la Planète Mars* s'est laissé, sans s'en douter peut-être, influencer par des motifs extrinsèques à la vérité. Les phénomènes, souvent détournés de leur voie normale, ont été, ainsi que je l'ai dit, plus d'une fois involontairement sophistiqués et diminués. Les théories, d'autre part, antipathiques au philosophe et au chrétien, n'ont pas été sans peser de tout leur poids sur l'appréciation des phénomènes. Il y a action de celles-là sur ceux-ci, réaction de ceux-ci sur celles-là. On n'aime pas la vérité toute simple et toute nue. Chacun veut qu'elle s'accorde avec l'idée qu'il se fait du monde et des destinées humaines. Sans doute, existe-t-elle objectivement, indépendante, hors de nous. Mais, pour que nous l'acceptions, pour que nous la déclarions telle, il est nécessaire qu'elle s'harmonise avec nos espérances ou nos certitudes. Elle n'est pas seulement d'ordre intellectuel, elle touche aux fibres morales et sentimentales les plus profondes de notre être. De là, nos répugnances et nos résistances.

M. Flournoy en fait admirablement saisir la raison secrète : « Les hommes les plus positifs sont un paquet d'affections et de préférences pour ne pas dire de préjugés. Derrière leur laboratoire officiel, ils cultivent, en secret, un petit jardin privé, tout rempli d'un tas de drôles de végétations métaphysiques ; ils caressent *in petto* des vues sur les choses, le monde, la vie, bref, une Weltanschauung que la science, par essence, ne saurait justifier. Et alors, ce qui cadre avec leurs idées de derrière la tête héritées ou acquises, ce qui ferait bien dans leurs plates-bandes réservées, ils l'accueillent facilement et n'y voient rien que de très plausible, encore que non démontré ; tandis qu'à tout ce qui ne trouve pas en eux une place déjà préparée, ils battent froid et opposent d'emblée une fin absolue de non-recevoir avec de grands airs de bon sens offensé ([1]). »

On ne saurait mieux penser, ni mieux dire. Il y a à apprendre pour tous dans ces paroles, même pour celui qui les a écrites.

([1]) *Des Indes à la Planète Mars*, par Th. Flournoy, p. 317.

Le Subliminal.

Le subliminal joue un rôle prépondérant dans le volume de M. Flournoy. Il ne sera donc pas inutile de nous y arrêter quelque peu.

Dans une brochure célèbre, l'abbé Siéyès disait : Qu'est-ce que le tiers état ? — La nation. — Qu'est-il ? — Rien. — Que doit-il être. — Tout.

On pourrait, avec une légère variante, appliquer les mêmes questions et les mêmes réponses au subliminal. Qu'est-ce que le subliminal ? — Nous-mêmes. — Qu'est-il ? — Rien. — Que peut-il être ? — Tout.

Qu'on ne croie pas à un simple paradoxe. Une chose frappe, et parfois effraie l'observateur de lui-même : c'est d'être si peu, consciemment, ce qu'il est, inconsciemment. Nos pensées, nos paroles, nos actes ; ce qui est habitude intellectuelle et ce qui est direction morale ; ce que nous rêvons et ce que nous réalisons ; les aspirations qui nous élèvent au-dessus de la terre et les appétits qui nous y ramènent ; tant d'autres mouvements, dont notre moi est le théâtre intime, ont une existence plus ou moins indépendante de notre libre volonté actuelle. Leur origine se perd en des profondeurs mystérieuses qui, la plupart du temps, échappent à nos prises. Ils sont antérieurs et, je le crois, supérieurs à ce que nous percevons immédiatement de nous. C'est, si j'ose ainsi dire, la matière sur laquelle nous travaillons ; c'est aussi ce qui dirige et détermine plus ou moins le sens de notre activité et de nos efforts. Qu'on l'appelle subliminal ou supraliminal, ou de tel autre nom qu'on voudra, peu importe. L'essence des choses n'en subit aucune atteinte.

La réalité du moi ; le fonds sur lequel nous nous appuyons ; ce avec quoi nous faisons notre apparition sur la scène du monde ; nos prédispositions, nos penchants, nos facultés ; le point de vue, pessimisme ou optimisme, sous lequel nous considérons la vie, tout cela, je le répète, vient de plus loin et de plus haut que notre volonté consciente. Nous y trouvons tout ensemble : le marbre dans lequel nous taillerons notre statue, et l'artiste chargé de la sculpter. Ce qui frappe nos sens et notre conscience n'est rien, ou bien peu de chose, comparé à ce qui se passe dans les replis de l'inconscience.

.*.

Mais qu'est le subliminal? — En un sens, rien. Nous ne le connaissons que lorsque, cessant d'être lui, il monte de la subconscience dans la conscience. D'où il vient, ce qu'il nous veut, à quoi il nous pousse, comment il nous incite, tantôt à des actes coupables, et tantôt nous porte vers les sommets sublimes, tout cela, nous l'ignorons. Le mystère qui l'enveloppe est bien gardé.

* * *

Que peut-il être? — Tout. A ses possibilités théoriques, point de limites. Nous sommes émanés de Dieu, parcelle infime de l'Absolu. Comme l'atome le plus imperceptible communie avec les mondes immenses, ainsi notre âme, monade de l'univers spirituel, communie avec Celui au sein duquel tout vit et tout se meut. Nous tenons à Lui par quelques-unes de nos fibres essentielles. Or, rapport implique plus ou moins réciprocité. Si Dieu lit dans nos cœurs et en nos pensées, il se pourrait que son Cœur et sa Pensée fussent en quelque manière ouverts à notre vision. Peut-être, est-ce de là que viennent nos meilleures aspirations, nos élévations les plus pures, notre ferme volonté de perfection morale, ainsi que notre besoin, jamais satisfait, de science intégrale. De là viennent aussi, sans doute, les lueurs étranges qui, spontanément, et comme d'elles-mêmes, trouent parfois les ténèbres opaques qui encerclent nos âmes. La connaissance de l'avenir s'expliquerait de la même manière. Elle ne serait pas plus extraordinaire que celle du passé et du présent, tout pour lui étant actuel.

Ah ! si nous savions comment, par quels voies et moyens, pénétrer le Grand Inconnu ! Mais nous l'ignorons et, faute de cette connaissance, nous subissons, à perpétuité, le supplice de Tantale. C'est le tourment et l'angoisse des meilleurs. Nous entrevoyons le souverain bien : il est hors de nos atteintes ; la science suprême : nous ne pouvons pas la saisir. Nous devinons, nous sentons les sources d'eau vivante qui pourraient étancher, qui étancheraient, en effet, nos soifs les plus brûlantes : elles fuient devant nous et nos lèvres trempent dans le vide. L'arbre de vie est là qui tend vers nous ses branches toutes chargées des fruits les plus beaux, les plus savoureux, les plus délectables, et telle est notre misère, telle notre impuissance, qu'ils échappent à notre préhension. Toutes les merveilleuses possibilités qui bercent nos rêves restent ce qu'elles sont : de pures possibilités.

*
* *

Le subliminal n'est pas cela seulement. L'homme, dit-on, est le dernier échelon de la création terrestre. Il aurait passé successivement par toute la série animale, s'élevant, degré par degré, de la première goutte de protoplasma vivant jusqu'à l'humanité. A peine supérieur, dans ses premières manifestations, à ses ancêtres immédiats, il se serait, à travers des générations sans nombre, progressivement développé jusqu'à l'éclosion des grands génies qui ont le plus honoré notre race. Dans l'intimité de ses tissus organiques, comme dans la contexture de son être moral, quelque chose se serait conservé de chacune des formes de vie qu'il aurait revêtues dans la succession des âges. S'il en est réellement ainsi, il doit exister, il existe sûrement dans l'homme des facultés de sentir et de désirer, de vouloir et de connaître, qui, pour se cacher dans les profondeurs subliminales du moi, n'en sont pas moins partie intégrante de notre être. C'est par elles, comme tout à l'heure par la communion divine, que s'expliqueraient telles lueurs qui, par intervalles, transpercent notre nuit; telles intuitions qui nous surprennent par leur spontanéité; et aussi, hélas! telles pensées basses et viles, telles tentations grossières, tels appétits déréglés qui nous font monter le rouge de la honte au front.

Nous sommes les héritiers d'un lourd et complexe héritage. Tout n'y est pas bon. A nous de trier le bloc, de faire notre choix, de refouler impitoyablement ce qui encombrerait notre marche en avant, de ne garder que ce qui est de valeur pour notre ascension vers des sommets de plus en plus lumineux.

Telle serait la deuxième source d'où sourdraient, intermittentes, des notions sur le monde et les choses du monde, qui n'ont rien à voir avec notre *conscience consciente*.

***

Le subliminal, cependant, n'est pas limité à ce lourd héritage de race et de descendance. Il s'alimente à une troisième source : la réincarnation. Si nous avons vécu d'autres vies ; si rien ne s'oublie ni rien ne se perd de ce que nous avons une fois appris, compris ou senti, alors, incontestablement, nous possédons, dans le tréfonds de notre subliminal, des trésors invraisemblables d'observations, d'expériences, de connaissances. Il est peu probable qu'ils existent sans influer, souterrainement, sur la vie actuelle. Ils doivent exercer, ils exercent nécessairement une action, peut-être ignorée, peut-être méconnue, sur la direction générale de notre conduite et de nos mœurs.

***

Une quatrième source, c'est la vie elle-même, la vie que nous vivons actuellement. Nous avons vu et connu bien des choses depuis que nos yeux se sont ouverts à la lumière du monde. Nos expériences sont nombreuses et diverses. Que de livres n'avons-nous pas lus ! Que d'objets n'avons-nous pas étudiés ! Tous nos jours ne se ressemblent pas. Nous avons pleuré des larmes de sang. La joie, souvent, a rempli nos cœurs jusqu'à déborder. Nous avons essayé de monter vers les hauteurs où règnent la pureté et le bien ; nous avons crié vers la justice et tendu les mains vers la beauté. Puis bientôt, faibles et lâches, nous sommes retombés, de chute en rechute, jusqu'aux bas-fonds d'où nous étions partis.

Eh bien ! toute cette longue et douloureuse expérience de la vie, tout ce dont nous avons souffert et tout ce dont nous avons joui, toutes ces choses nous les avons en grande partie oubliées. Elles se sont effacées de notre mémoire, comme s'effacent les lettres tracées sur le sable. Mais effacées, sont-elles réellement, sont-elles définitivement perdues ? Je ne le pense pas. Elles continuent d'être nôtres ; elles font partie de la substance de notre être. Seulement, descendues aux couches subliminales où tout s'emmagasine et où tout se conserve, elles y subissent, dans le secret, je ne sais quelles transformations mystérieuses, quelle invisible élaboration. Malgré toutes apparences contraires, elles contribuent à notre enrichissement, constituent et multiplient les fleurons de notre couronne. Notre vue et notre compréhension s'étendent, grâce à elles, en largeur et en profondeur. Il n'est pas impossible, d'ailleurs, que tout ce passé revive à nos yeux, mais revive sans que nous le reconnaissions, sans que nous sachions que les objets *vus* et les pensées *pensées* sont des objets *revus* et des pensées *repensées*.

* * *

Mentionnons une dernière forme du subliminal : la télépathie. Nous avons des pensées qui nous poursuivent, des impressions qui s'imposent à notre sensibilité. Des joies et des tristesses nous saisissent et nous pénètrent, dont nous ignorons la cause. Elles ne semblent pas dues aux relations qui peuvent exister de nous à l'Absolu, ni à l'héritage général de la race, ni aux survivances de nos existences antérieures, ni aux expériences de notre vie présente. Les ondulations de l'éther nous les apportent sur leurs ailes rapides, comme elles nous transmettent la lumière des astres qui se meuvent dans les noirs espaces de la nuit universelle.

D'autres cœurs, au loin, souffrent ; d'autres

cerveaux agitent des pensées troubles; des âmes sont angoissées et se désespèrent; d'autres sont enveloppées et comme enivrées de joie et d'espérance. Les uns ont passé par le creuset des plus douloureuses épreuves; les autres ont surtout connu la douceur de vivre.

Or, ce que les hommes, nos frères, sentent ou ressentent, ce qui les agite ou les inquiète; le mouvement de leur pensée; tout ce qui est en eux et tout ce qui est eux, nous appartient à nous aussi. Il existe une communication insaisissable d'eux à nous. Un organisme qui vibre s'en va, à distance, ébranler d'autres organismes. Lorsque les ondulations éthérées, engendrées de la sorte, rencontrent des cerveaux, des cœurs, des subliminaux qui leur sont harmoniques, elles y éveillent mêmes sentiments, mêmes impressions, mêmes tristesses, mêmes joies. Nous les disons sans cause; elles sont simplement sans cause connue.

* * *

Telles sont, si je ne me trompe, quelques-unes des principales sources qui nourrissent le subliminal. Si elles fonctionnaient toujours; si elles fonctionnaient parfaitement; si, chaque fois qu'elles fonctionnent, leur bouillonnement était suffisant pour monter des couches profondes de l'inconscience jusqu'à la conscience, — rien ne nous serait caché du monde divin, puisque nous plongeons nos racines en Dieu; — rien ne nous échapperait de la nature animale, puisque nous avons passé par l'innombrable série du règne dont nous sommes le suprême épanouissement; nous connaîtrions tout ce qui est de l'homme, puisque nous baignons dans son atmosphère; nous nous connaîtrions enfin nous-mêmes, non plus superficiellement, dans quelques-unes de nos facultés à fleur de peau, mais dans notre essence même et dans notre souveraine réalité.

Il y a loin, malheureusement, de la coupe aux lèvres, je veux dire de la théorie à la pratique. Le subliminal, capable, hypothétiquement, de si grandes choses, fonctionne mal, irrégulièrement, faiblement. C'est à peine si, la plupart du temps, nous avons l'aperception de son existence. Dans les cas, plutôt rares, où il entre en action, la difficulté est grande de savoir ce qui est de lui et ce qui est de notre conscience normale. Son inconstance et son incertitude ne permettent guère de fonder sur lui de savants systèmes pour l'explication des phénomènes psychiques. Ce serait vouloir bâtir sur un sable mouvant. Ce serait aussi, je le crains, se payer d'illusions vite dissipées au contact des faits. Il en est du subliminal comme du mirage dans le désert : il fuit à mesure qu'on en approche, et bientôt s'évanouit dans le vide.

*
* *

D'ailleurs, rien ne coûte de l'avouer, les conceptions actuelles de la science, relativement au subliminal, ne sont rien moins que satisfaisantes. Bien des questions de la plus haute importance ne sont pas résolues. Pour l'explication physiologique, par exemple, « on en est réduit, dit M. le Dr Gelay, à un aveu complet d'ignorance, lorsqu'il s'agit de rattacher, à une modification quelconque du fonctionnement cérébral, les dédoublements de la personnalité et tous les phénomènes dits subconscientiels. »

Je ne sais pas si les difficultés sont moins grandes pour l'explication psychologique. Je les estime plus graves. Jusqu'ici nous avons parlé du subliminal, en général. Mais le subliminal n'est pas un, il est plusieurs. Notre conscience normale, à la vérité, est diverse aussi. Au moins sentons-nous que ses faces multiples, si opposées et si contradictoires soient-elles en apparence, se tiennent entre elles et, fractions d'un même tout, se rejoignent dans l'unité du moi.

Rien de pareil dans le subliminal. Des cloisons étanches le partagent en cases strictement séparées. Les personnalités qui s'y élaborent et le constituent s'ignorent réciproquement. Chacune a son domaine distinct, chacune sa manière de penser et de sentir propre. Il y a le subliminal de l'enfance, le subliminal de la jeunesse, le subliminal de l'âge mûr, et sans doute aussi le subliminal de la vieillesse : tous sans aucunes intercommunications entre eux. Non seulement cela. Chacun de ces subliminaux se subdivise, ou peut se subdiviser en sous-subliminaux, qui s'ignorent entre eux aussi complètement que les subliminaux eux-mêmes. On a observé quelques cas tout à fait curieux de mémoire subliminale, coupés par tranches absolument nettes. Dans tel état hypnoïde se manifeste telle fraction ou sous-fraction du subliminal ; dans un état plus profond ou moins profond, telle autre fraction ou sous-fraction. Il n'y a des unes aux autres ni bavures ni connexions quelconques. A chacun son département, dont les frontières sont délimitées de la façon la plus stricte.

On dirait de soudains arrêts de la vie, une inhibition subite de toutes les fonctions organiques et psychologiques, fonctions qui ne reprendraient leur cours qu'en suite d'un déclanchement dont le mécanisme intime nous échappe. Ce serait la circonscription d'un premier subliminal. Un second commencerait. Au bout d'un certain temps, nouvel arrêt, nouvelle inhibition, nouveau déclanchement et commencement d'un nouveau subliminal. Les choses continueraient de la sorte indéfiniment.

La réalité, cependant, n'offre pas, que je sache, de ces brusques arrêts ni de ces interruptions improvisées. La vie est continue ; chacun de ses instants se relie étroitement à ceux qui le suivent et à ceux qui le précèdent. Il y a donc nécessairement quelque chose d'un peu artificiel — pour ne pas dire artificieux — dans ces mémoires partielles qui sont des morceaux de subliminal, ou des sous-subliminaux.

* * *

Le subliminal de M. Flournoy, sans avoir toujours cette précision mathématique ni cette rectitude de délimitation, n'en présente pas moins des particularités passablement insolites. Ses fonctions sont aussi nombreuses que diverses. Il nous est dépeint sous les caractères les plus incompatibles. Enveloppé de l'ample manteau du magicien Cagliostro, il se place au niveau, sinon au-dessus de la conscience normale du médium. Celui-ci a-t-il besoin de consolations, vite il accourt; de protection, il est à ses côtés ; de conseils, il lui parle, « mentor raisonnable » et très sage. Il prévoit et prévient les dangers qui le menacent, l'avertit par de sûrs pressentiments, l'inspire de la façon la plus heureuse, et, en toutes circonstances, lui témoigne la plus touchante sollicitude. Où trouver un guide plus éclairé, un attachement plus dévoué ?

Passons au roman martien. C'est le même médium, c'est un autre subliminal, un subliminal enfantin, affecté de « fatuité niaise ou d'imbécillité », « une imagination que n'embarrassent guère les problèmes scientifiques ou les exigences de la logique ». Il est tantôt Raspail, tantôt Esenale, tantôt tel autre des personnages qui interviennent dans les communications martiennes. Nous retombons dans les subdivisions de la subconscience.

Avec Marie-Antoinette, voici les « rêveries mégalomaniaques subconscientes »; non pas des rêveries vagues et flottantes. Tout ici se précise et tout se personnifie. L'écriture du médium change. Il « fait preuve, dans son rôle de Majesté, de beaucoup de finesse et d'à-propos. Il a des réparties fort spirituelles, qui désorientent ou clouent ses interlocuteurs, et dont le style est parfois tout à fait dans la manière de l'époque. Cette aisance et cette promptitude du dialogue excluant toute préparation réfléchie et calculée, dénotent une grande liberté d'esprit et une remarquable facilité d'improvisation. »

Pour un subliminal en veine de « rêveries

mégalomaniaques subconscientes », ce n'est vraiment pas mal. Le contraste est assez piquant de cette intelligence délurée, de cette liberté et de cette hauteur d'allures à la « bonne et sage petite imagination de 10 à 12 ans » qui formait le fond subliminal de Mlle Smith dans ses « élucubrations » du roman martien.

Sous la forme Simandini, autre guitare. Les « communications hindoues forment un ensemble extrêmement varié et plein de couleur locale. Il y a dans tout l'être de Simandini, dans l'expression de sa physionomie, dans ses mouvements, dans son timbre de voix lorsqu'elle parle ou chante « hindou », une grâce paresseuse, un abandon, une douceur mélancolique, un quelque chose de langoureux et de charmeur qui répond à merveille au caractère de l'Orient. » (P. 271.)

« Toute la mimique d'Hélène si diverse et ce parler exotique ont un tel cachet d'originalité, d'aisance, de naturel, qu'on se demande avec stupéfaction d'où vient à cette fille des rives du Léman, sans éducation artistique ni connaissances spéciales de l'Orient, une perfection de jeu à laquelle la meilleure actrice n'atteindrait sans doute qu'au prix d'études prolongées ou d'un séjour au bord du Gange. » (P. 272.)

Mais il ne s'agit pas de mimique diverse seulement. Simandini parle hindou ; Léopold donne des renseignements historiques reconnus authentiques, quoique non enregistrés ni dans les dictionnaires ni dans les encyclopédies ni dans la mémoire des orientalistes et des historiens vivants. N'importe ! Si extravagante que l'idée en puisse paraitre, quoique toutes les pistes jusqu'ici suivies, et elles sont nombreuses, se soient trouvées fausses, M. Flournoy n'en pense pas moins « qu'il est plus équitable de faire directement honneur à l'exubérante fantaisie subliminale de Mlle Smith de la création du type de Simandini ».

* *

Si à ces subliminaux *di primo cartello*, nous ajoutons tout le menu fretin des subliminaux secondaires et tertiaires, tous les personnages qui ne font en quelque sorte que passer sur la scène, nous aboutissons, pour une seule individualité fondamentale, à des complications et à une confusion capables de désespérer le plus malléable, le plus plastique, le plus débrouillard des subliminaux.

Il faudrait être bien malin, en effet, pour se reconnaitre parmi tous ces fantoches et tous ces pastiches. Ils paraissent pour disparaitre, reparaissent pour disparaitre encore. Leurs couleurs chatoyantes et leurs inégales facultés émaillent le sol étonnamment fécond qui les enfante et les fait prospérer. Ils se côtoient, interfèrent, se succèdent, s'interrompent, se supplantent; pensent, veulent, agissent sans se heurter, se connaître ni se reconnaître.

Le subliminal est le maître Jacques le plus extraordinaire, le plus divers, le plus multiple, le plus contradictoire, le plus dissemblable à lui-même que jamais imagination de poète ait rêvé. Tour à tour Dieu, table ou cuvette, il demeure la plus insaisissable et la plus protéiforme des créations.

* * *

M. Flournoy, avec un flair merveilleux, s'est attaché à ses pas, l'a suivi et poursuivi dans ses innombrables détours, a assisté, sans s'émouvoir, à ses incessantes métamorphoses. Il nous en donne une analyse qui est un modèle du genre. Mais analyser ne suffit pas. Des bras, des jambes, une tête, des viscères, un cerveau n'ont jamais constitué un homme. Décomposer, c'est détruire, faire œuvre négative. Après avoir mis à nu, après avoir disséqué toutes les consciences et fractions de consciences subliminales, il fallait procéder à leur reconstruction. Si nous les avions vues vivre d'une vie commune, d'une vie une, nous aurions conçu de l'homme une idée plus claire et plus complète. La synthèse est le complément nécessaire de l'analyse.

M. Flournoy nous dit sans doute que Mlle Smith « a présenté tous les degrés et tous les genres de somnambulisme ». De somnambulisme diviseur, analytique, peut-être. Mais ce ne sont pas là tous les somnambulismes. Au-dessus de ces états de subconscience qui n'embrassent que des fractions d'être et des fractions de mémoire, il en existe un qui les enveloppe et les comprend tous, où convergent et les subliminaux et la conscience normale elle-même. L'âme, à ce degré, se retrouve dans son unité et sa plénitude. Elle sait ce qu'elle a pensé à l'état de veille et ce qu'elle a pensé à l'état de sommeil. Les cloisons étanches dont nous parlions, il n'y a pas longtemps, se sont rompues. Tous les êtres partiels se sont fondus en un seul être, qui est l'homme complet. C'est encore du somnambulisme, si l'on veut, mais un somnambulisme de qui la vision est à la fois très haute et très nette. Nous apercevons clairement, à ce stage, ce que nous sommes, ce qui est de nous et ce qui n'est pas de nous.

Quel dommage que M. Flournoy n'ait pas poussé jusqu'à ces horizons extrêmes! Il en fût revenu, je n'en doute pas, avec d'autres pensées et d'autres sentiments. Peut-être ses incertitudes seraient-elles devenues des certitudes, et nous aurait-il appris bien des choses que nous ignorons. Ce qui n'a pas été fait peut heureusement se faire. C'est pourquoi je le convie à une étude, — ou à un complément d'étude — pour laquelle je le sais admirablement qualifié.

.˙.

Si le subliminal, tel qu'on nous le présente, ne satisfait que très imparfaitement l'esprit scientifique, il se heurte à une autre objection bien plus sérieuse, et c'est une objection morale.

Une des raisons d'être de la science, c'est la fixité des lois de la matière. Une des raisons d'être de la conscience, c'est la véracité de Dieu. Or, cette véracité est singulièrement en défaut avec le subliminal. Celui-ci, non seulement ne sait pas qu'il fait partie de mon moi; il ne se croit pas seulement séparé, entièrement distinct de ma conscience normale; il s'affirme, en toutes circonstances, chez tous les médiums de tous les pays, non pas lui, personnalité ou individualité quelconque, toujours la même. Mais usurpateur de faux noms et de faux titres, il prétend être, tantôt celui-ci, et tantôt celui-là. Et les noms dont il s'affuble, les titres dont il se prévaut ne sont pas des noms ni des titres fictifs. Ils ont appartenu à des hommes qui ont vécu de notre vie, que nous avons connus et aimés, qui nous demeurent chers, même après leur disparition du milieu de nous.

Non content de s'approprier des noms et des titres auxquels il n'a aucun droit, il prend un faux masque, revêt les apparences extérieures de ceux auxquels il se substitue, imite leur voix, reproduit leurs gestes, copie jusqu'à leur écriture ; se sert de leurs expressions favorites, se montre tour à tour vif, pétulant, emporté, ou lent, grave et doux. Il répète à la mère qui pleure les mots câlins que lui bégayait la tendresse de son fils ; lui fait les caresses dont elle avait l'habitude ; l'entoure, l'enveloppe de ses bras, joue dans ses cheveux ; se livre enfin à une mimique qui rappelle trait pour trait, avec une fidélité déconcertante, l'image du cher disparu. Le mari, de même, retrouve en lui la femme qu'il a perdue. La douce fiancée revit aux yeux de celui qui l'aime. C'est la vie, la vie aussi complète que possible de ceux que la mort a ravis à notre affection. La vie ? non pas, l'apparence de la vie, tout au plus. Un immense mensonge, une illusion irrésistible se cachent sous ces étonnantes manifestations. C'est le subliminal, le seul subliminal, qui crée les apparitions ; lui qui accomplit les actions dont elles s'accompagnent ; lui qui, acteur merveilleux et protéiforme, joue d'emblée avec cette perfection inimitable les rôles qu'il sait convenir à nos désirs ou à nos besoins.

Si cela est, si Dieu a permis ou voulu cette colossale, cette universelle mystification ; s'il nous a imposé cette organisation mentale décevante ; si nous devons voir, fatalement, comme hors de nous ce qui est en nous, comme ne faisant pas partie de nous ce qui est de l'essence même de notre être ; si nous sommes condamnés à cette hallucination sans fin ni remède ; si l'humanité entière a été et est tributaire de la même erreur nécessaire ; s'il en est ainsi, c'en est fait de notre confiance en la vérité, en la justice, en la bonté divines.

On nous assurait naguère que le spiritisme, s'il était vrai, serait un scandale additionnel dans l'univers satanique où nous vivons. Que dirons-nous donc, de quelles paroles blasphématoires, de quelles malédictions indignées saluerons-nous la sinistre moquerie dont nous sommes les déplorables victimes ?

Ce n'est pas tout. La théorie a des répercussions imprévues. Si le subliminal nous joue à nous, au déclin du XIXe siècle, les tours abominables qu'on met sur son compte ; s'il se déguise avec l'infernale habileté qu'on sait ; si, s'affirmant esprit indépendant, il n'est qu'une fraction de nous ; s'il est capable de tenir les discours de grande élévation morale qu'on lui prête; s'il peut prévoir et prédire l'avenir : en ce cas, bien des croyances sont menacées. Nos meilleures espérances, l'attente inaltérable des croyants, toute la religion, toute religion tombent dans un irrémédiable discrédit. Les inspirations d'un Moïse et d'un Elie, les apparitions d'un Abraham ou d'un Jacob, tout ce qui est action spirituelle dans le monde s'efface. Que dis-je? s'efface. Rien ne s'efface, puisque rien n'a été. Ils n'ont vu, tous, que leur subliminal ; c'est leur subliminal qui leur a parlé. C'est par leur subliminal que les prophètes et les apôtres, tous les hommes de Dieu ont été élevés au-dessus de leur milieu et de leurs contemporains. C'est le subliminal qui a éveillé en eux l'attente, la certitude d'un avenir meilleur dans un monde renouvelé. Jésus lui-même, dont nous avons fait un Dieu après l'avoir crucifié ; Jésus que nous crucifierions encore s'il revenait parmi nous, Jésus serait arraché des autels, foulé aux pieds ou jeté aux flammes. Pas plus que les voyants de l'ancien testament, pas plus que les inspirés et les prophètes, il ne survivrait à la grande déroute spirituelle. Subliminal à son tour, tout ne serait plus que subliminal. C'est le subliminal qui régnerait sur le monde moral, et le subliminal qui pasticherait le monde matériel. Le Grand Menteur, le Père du Mensonge ne serait plus Satan, mais lui, lui dont les traces se retrouvent partout, et dont l'influence est de tous les temps. Toutes les autres réalités disparaîtraient, se perdraient dans son ombre. Ou plutôt, il serait la seule réalité. Quand nous croyons voir, nous ne voyons pas ; quand nous croyons entendre, nous n'entendons pas ; quand nous croyons connaître ou reconnaître, nous ne connaissons ni ne reconnaissons point. Le monde, tel qu'il apparaît à notre conscience, n'est qu'une gigantesque imposture dont nous sommes les misérables dupes.

Tel est, en sa formidable stature, le subliminal. Comment nous serions-nous défiés de lui? Les personnages qu'il prétend représenter nous sont secourables dans toute la mesure du possible. Léopold protège, éclaire et prévient Mlle Smith. Il « intervient constamment dans sa vie d'une façon sensible et quasi-matérielle ne laissant de prise à aucun doute. Il se présente à ses regards doué d'une corporéité égale à celle des autres gens et cachant les objets situés derrière lui, comme un individu en chair et en os. » Et quand il s'est insinué en son cœur, quand il a capté sa confiance, quand il l'a abusée de toutes les manières, il « lui joue cette comédie lamentable de manifestations pseudo-spirites »... Il y aurait, je le répète, dans un tel ensemble de circonstances de quoi faire désespérer de nous et des autres, de l'univers et de Dieu.

Nous n'en sommes pas là, fort heureusement. Le subliminal n'est pas, scientifiquement, ce qu'on le fait. On en est encore aux premiers balbutiements à son sujet. Les expériences sont difficiles et le plus souvent n'aboutissent pas. C'est avec les médiums et dans nos séances qu'elles réussissent le mieux : ce seul fait prouve que nos conclusions sont, avant toute autre discussion, pour le moins aussi probables et aussi légitimes que celles qu'on qualifie de scientifiques, bien qu'elles soient surtout hypothétiques.

Suggestion et Télépathie.

Lorsque le subliminal ne suffit pas à l'explication des phénomènes, on s'adresse à la suggestion ou à la télépathie. L'une et l'autre sont l'action à distance d'une volonté ou d'une pensée sur une autre volonté ou une autre pensée ; l'action aussi d'un subliminal sur un autre subliminal. On est même très disposé à croire que l'impression est, dans tous les cas, reçue par le subliminal avant de surgir dans la conscience. Ici encore, pour les besoins de la cause antispirite, la théorie dépasse de bien loin ce que permet ou autorise l'expérience. La suggestion — j'entends la suggestion mentale — se réalise très difficilement. La meilleure preuve, ce sont les expérimentateurs eux-mêmes. Ils ont l'esprit et le subliminal pleins de toutes sortes de connaissances : science, philosophie, histoire, linguistique, archéologie, etc. Le médium passe et repasse devant eux. Son subliminal, qui est à l'affût de tout, qui voudrait les étonner, et peut-être les stupéfier, ne voit ni ne devine rien. Leur conscience normale et leur subconscience lui sont toutes deux comme un livre fermé. Ainsi en est-il des assistants ordinaires. Leurs souvenirs, leurs connaissances, leurs joies, leurs douleurs, leurs occupations et leurs préoccupations, le médium les ignore. Il ne pénètre pas, ou bien rarement, dans leurs « officines subliminales ».

M. Flournoy, par exemple, rumine, plusieurs années durant, les conclusions relatives au roman martien. Le subliminal du médium ne se doute de rien. Les conclusions, pourtant, sont claires, précises, absolues. Elles doivent rayonner, fulgurer dans l'intimité de ses tissus cérébraux. N'importe ! La suggestion n'agit pas.

Les collaborateurs du savant professeur partagent plus ou moins ses convictions. Leur double conscience, subliminale et normale, agite les questions les plus diverses. Ils ont la curiosité des phénomènes. Malgré la tension de leur esprit, il n'y a pas l'ombre de suggestion d'eux au médium.

De savants indianistes assistent aux séances. Le médium qui s'est lancé sur le terrain dangereux d'une langue littéraire qu'il ignore, qui a un intérêt immense à satisfaire ceux qui l'observent, qui a l'angoisse de sa tâche extraordinaire, qui craint d'être surpris en faute, ne s'émeut pas ni ne découvre rien : pas un mot sanscrit, pas une forme graphique ne filtrent de leur subliminal dans celui de Mlle Smith. Toujours prompt à saisir les moindres indices, prodigieusement habile à lire dans la pensée d'autrui ; d'un flair « étonnamment exquis et délicat », le subliminal, cette fois, ne sort pas de son inertie. On le dirait paralysé, mort. Disparues ses merveilleuses facultés ! Ce qu'elles sont devenues ? J'ai comme une vague idée qu'on lui a prêté, pour les besoins de la cause, des aptitudes et un talent qu'en réalité il ne possède pas.

***

Les expériences directes de télépathie ne réussissent guère mieux. Elles exigent une dépense de force et de volonté, une accoutumance, un entrainement qui ne sont ni faciles, ni commodes, ni fréquents. Aussi ne peut-on pas s'autoriser de l'expérience scientifique pour mettre sur le compte de la télépathie pure et simple les phénomènes de vision et d'audition à distance, les apparitions, ni tant d'autres manifestations dont fourmillent les annales du psychisme. Non, on se prévaut, à tort d'ailleurs, d'hypothèses préconçues. Les fantômes des vivants, des mourants, des morts sont mieux, le plus souvent, que de simples hallucinations véridiques, mieux que des reconstitutions fictives de simples impressions subliminales. On soutient le contraire, dans un certain camp. Mais, encore une fois, la prétention s'appuie moins sur une sérieuse expérimentation scientifique que sur le désir intense d'éviter le spiritisme. La meilleure preuve qu'on en puisse donner, ce sont les nombreux savants qui, partis de cette théorie, ont dû, mieux éclairés ou plus courageux, en possession d'une nouvelle mentalité, reconnaitre qu'elle n'était pas adéquate aux faits. Ce n'est pas du premier coup qu'ils ont osé le grand saut. Ils sont revenus d'abord de leurs négations premières. Après les négations, ils ont consenti le sacrifice de leurs prétendus systèmes scientifiques. D'autres les suivront. Les faits ont leurs nécessités, et l'esprit, sa logique. On leur résiste un temps. Ils finissent toujours par l'emporter.

* * *

L'on admet, généralement, que la maladie, une émotion violente, l'agonie, la mort s'accompagnent d'un dégagement psychique plus considérable que le train-train ordinaire de la vie de tous les jours. L'on suppose, ensuite, que les vibrations ainsi engendrées dans l'éther cosmique se propagent au loin et sont senties à distance. Jusque-là, rien que de très normal.

Mais une vibration peut-elle donner ce qui n'est pas en elle? Une impression de cerveau malade peut-elle transmettre l'image entière de la personne qui la ressent, et non seulement de la personne, mais des vêtements qu'elle porte et que le percipient ignore? Suffit-elle à la reconstitution du milieu qui est celui de l'agent? de toutes les circonstances, plus ou moins remarquables, qui sont comme l'enveloppement de la vision elle-même?

Nous comprenons que l'effet soit moindre que la cause. Dans la transmission de l'agent au percipient, une partie de la force libérée peut se perdre. Rien de plus logique. Le percipient peut, par défaut d'adaptation, ne pas saisir tout ce que l'agent lui transmet : C'est dans la nature des choses. Que l'électricité, parcourant un fil de cuivre, n'ait pas à l'arrivée la puissance qu'elle avait au départ, personne ne songera à s'en étonner. On serait bien près de crier au miracle, si elle s'était renforcée dans le trajet.

Accepter donc, dans l'effet, des éléments qui ne sont pas dans la cause ; dans la télépathie, ce que l'agent n'y a pas mis ; dans les hallucinations véridiques, ce qui n'est pas dans leur principe, c'est postuler, inconsciemment peut-être, mais postuler quand même l'occulte, cet occulte qu'on ne cesse de nous reprocher.

Nombre de savants, sans se l'avouer, ni surtout l'avouer aux autres, commettent couramment cette inconséquence. C'est la démonstration la plus frappante de l'insuffisance, disons de l'inconsistance de leurs hypothèses. Ils croyaient, par la télépathie, se débarrasser de l'occulte ; ils nous accablaient sous le mot et sous la chose ; nous criblaient de leurs sarcasmes faciles : et voici que, par un juste retour, ils le réintroduisent subrepticement dans la science. Il ne se pouvait pas de condamnation plus délicatement vengeresse de leurs insoutenables prétentions. Il n'y avait pas de proportion de la cause à l'effet. La nécessité s'imposait de chercher ailleurs.

Assurément, des difficultés subsistent, grandes et inexpliquées, à quelque supposition qu'on s'arrête. Tout, cependant, apparaît plus logique et plus conséquent avec la théorie spirite.

Hors d'elle, l'agent seul veut et agit ; ou plutôt non. Ce n'est pas lui qui veut, ni lui qui agit. La plupart du temps, il n'a pas l'intention de se montrer, ni celle de se faire entendre. Ce qui arrive, l'apparition de lui qui se projette au loin, il ne l'a pas désirée. Elle a lieu inconsciemment. Il est vu, entendu, senti, et il ne s'en doute pas. On pourrait presque dire que l'action qui se produit est une action sans cause, soit une absurdité.

Mais admettons la réalité spirite. Le malade ou le mourant a des amis spirituels. Ils sont autour de lui ; ils peuvent l'assister et le soutenir. Ils ont, sur la matière, des connaissances et une puissance que nous ignorons. Si le malade se trouve dans les conditions favorables à une manifestation dite télépathique, ils en profitent pour la réaliser. Leur volonté et leur intelligence y intervenant, nous comprenons ce qui, autrement, demeurerait une énigme indéchiffrable. La volonté et l'intelligence, en effet, sont des puissances directrices et actives, capables de conduire à leur but de vagues tendances et des desseins incertains. Nous concevons cela. Mais que les mêmes tendances vagues et les mêmes desseins incertains, commandés par le seul hasard, ni voulus, ni connus de celui qui en est l'auteur présumé, l'atteignent avec la même certitude et la même plénitude, se précisent d'eux-mêmes et se complètent, s'augmentent dans leur accomplissement d'éléments vrais et de détails exacts qu'ils ne contenaient pas, cela passe notre entendement.

Ni le subliminal, ni la suggestion, ni la télépathie n'embrassent pas tout le champ du psychisme.

L'Invisible.

Ici, nouvelle objection : « Ce n'est que par d'heureuses inconséquences, nous dit M. Flournoy, et l'oubli continuel de la doctrine (occulte ou spirite) qu'on peut continuer à vivre comme tout le monde dans un univers sans cesse exposé aux capricieuses incursions des invisibles. » (P. 343.)

L'objection se comprendrait dans la bouche ou sous la plume d'un savant matérialiste. Elle étonne, elle surprend au plus haut degré chez un homme de science qui est en même temps un croyant. L'Evangile, la Bible tout entière sont comme imprégnés du parfum de l'invisible. Dès l'origine, les apparitions se multiplient. Les anges se font voir aux vivants de la terre ; des morts ressuscitent : c'est une action permanente du monde occulte sur celui où nous vivons. Les juges, les prophètes, les saints hommes de l'ancienne alliance sont en relations constantes avec ceux qui, de l'au delà, veillent sur les destinées terrestres. Le Christ n'a pas seulement la vision des anges après la tentation au désert, celle de Moïse et d'Elie, sur le Thabor. L'ange de la consolation lui apparait dans le jardin de Gethsémané ; d'autres saluent sa résurrection. Lui-même parle des anges, comme de la chose la plus simple et la plus naturelle du monde. Ils sont les messagers de Dieu au service des hommes ; ils veillent sur nous ; ils sont nos inspirateurs et nos guides. C'est un ange qui annonce à Zaccharie la naissance de Jean, un ange qui annonce à Marie celle de Jésus. Dans les Actes, le ministère des anges, si nettement annoncé, si positivement affirmé par le Christ, semble se multiplier encore et s'affirmer davantage. Les portes de la prison s'ouvrent devant les apôtres par le moyen d'un ange. Un ange du Seigneur envoie Philippe au-devant de l'eunuque éthiopien pour sa conversion, et, le baptême accompli, le transporte soudain à Azoth. Le prophète Agabus prédit, par l'Esprit, qu'il y aurait une grande famine par toute la terre. Un ange, de nouveau, délivre Pierre. L'Esprit défend, à Paul et à Timothée, d'annoncer la parole en Asie. Il ne leur permet pas non plus de se rendre en Bithynie, etc., etc.

On remarquera que les auteurs sacrés se servent tantôt du mot *ange*, tantôt du mot *esprit* pour marquer l'action de l'invisible parmi nous. Si l'on veut bien se rappeler, en outre, la description des premières assemblées chrétiennes, d'après Paul, où paraissent les esprits les plus divers, on ne comprendra qu'à peine les disciples du Christ opposant le christianisme au spiritisme, et faisant aux spirites un crime de leurs manifestations spirituelles, soit qu'elles viennent à eux spontanément, soit qu'ils les sollicitent. La passion est toujours mauvaise conseillère. Elle fait oublier jusqu'aux privilèges les plus précieux, jusqu'aux vérités les plus solidement établies, jusqu'aux enseignements les plus clairs et les plus constants *du Maître*.

Ce ne sont pas les anges seulement, les bons esprits, qui agissent sur les hommes; il y a les démons aussi, les mauvais esprits, les esprits de mensonge que Jésus rencontre sur sa route, et dont il délivre ceux qui en sont possédés. A moins de taxer les Evangiles, le Nouveau Testament tout entier, d'erreur ou de mensonge, le croyant, le chrétien se trouve, au moins autant que le spirite, davantage peut-être, exposé aux incursions des invisibles dans sa vie. Est-ce aussi par d'heureuses inconséquences et l'oubli continuel de sa doctrine qu'il peut continuer à vivre comme tout le monde dans notre univers?

Si, après avoir constaté le fait général de l'intervention du monde spirituel dans le nôtre, nous passons aux divers ordres de manifestations, nous rencontrons à peu près, souvent agrandis, tous les phénomènes qui sont à l'actif du spiritisme. Il y a le don des langues, l'enlèvement des corps matériels, les prédictions, les avertissements, les conseils, les ordres, les délivrances, les secours accordés, etc. Il y a les entraves mises aux efforts de l'homme, les esprits menteurs, ceux qui disent vrai, peut-être, mais dont il faut soigneusement scruter les dires.

De la similitude des effets, n'est-on pas logiquement amené à la similitude des causes? Quoi qu'il en soit, le chrétien qui se déclare contraire à l'action de l'invisible sur nous oublie le Christ et ses enseignements, méconnait les affirmations les plus catégoriques de sa Bible, n'a plus le droit de se réclamer de celui dont il aspire à être le disciple.

Si l'homme avait tant soit peu de logique, s'il était conséquent avec lui-même, s'il réfléchissait à l'objet de sa foi, toutes les observations qui précèdent eussent été inutiles. Mais beaucoup vivent comme dans une sorte de rêve. Ils sont chrétiens, et l'invisible les étonne et les scandalise. Christ est leur Dieu, et ils ignorent ou feignent d'ignorer l'action des anges et des esprits dans le monde. Ils lisent et ils relisent le récit de ses actes, ils savent par cœur ses paroles et ses discours. Mais telle est leur irréflexion qu'ils ont l'air de tomber des nues devant les incursions de l'invisible dans notre vie. Leur christianisme est à ce point machinal, si dénué de pensée personnelle, qu'ils ne s'aperçoivent pas que nous condamner, c'est se condamner eux-mêmes. Car, sous une autre forme, ils croient ce que nous croyons, postulent ce que nous postulons, espèrent ce que nous espérons. Ou, s'ils nient les anges et les esprits, s'ils contestent les affirmations de Jésus et les dires des apôtres, s'ils mettent en doute l'existence réelle et l'intervention active du monde occulte, je me demande comment et au nom de quel principe, ils osent encore se dire chrétiens, disciples de Celui qui, de sa naissance à sa mort, et de sa résurrection à son ascension, n'a pas cessé un seul jour d'être en contact avec lui. Il y a là une contradiction qu'il importe d'autant plus de signaler encore et sans cesse qu'on ne se lasse pas de stigmatiser nos efforts au nom même de la foi au Christ.

L'Hallucination.

Le subliminal, la suggestion, l'auto-suggestion, la télépathie qui sont l'explication psychologique des phénomènes psychiques se résument eux-mêmes, se concrètent en quelque sorte, dans une unité supérieure : l'hallucination. L'hallucination n'est ni plus ni moins qu'une erreur de nos sens ou de notre conscience. Nous voyons une figure, nous entendons une voix, nous sursautons à l'ouïe d'un bruit, nous sentons sur notre épiderme l'impression d'un attouchement : il n'y a ni figure ni voix ni bruit ni attouchement. Les sensations visuelles, auditives, tactiles que nous percevons n'ont d'existence que dans les dessous inconnus du moi. C'est notre pensée, consciente ou inconsciente, qui s'objective. Nous nous donnons à nous-mêmes, sans le savoir ni le vouloir, le spectacle tristement menteur d'un monde irréel.

Mais voici une difficulté : L'apparition, la voix, le bruit, l'attouchement inobjectifs dont nous avons la perception, coïncident assez fréquemment avec des faits vrais : mort, accident ou autres qui se passent au même instant ailleurs. Est-ce simple hasard? C'est l'idée qui devait tout d'abord se présenter à l'esprit des savants. Beaucoup y tiennent encore.

Les coïncidences, cependant, se multipliant, le hasard devenait de moins en moins probable. Il sembla bientôt impossible de ne pas établir une relation de cause à effet entre les faits réels observés en un lieu, et les impressions ressenties en un autre. Qu'allait-on faire? Renoncer à l'hallucination, sacrifier une expression qui, sans nul effort, expliquait très simplement l'inexplicable? La science n'aime pas à se déjuger. Elle garda donc le vocable. Mais comme, tout seul, il demeurait inadéquat à la tâche qu'on prétendait lui imposer, on le compléta par l'adjonction du qualificatif *véridique*. On eut dès lors *les hallucinations véridiques :* deux mots qui hurlent de se trouver accolés l'un à l'autre. C'est à peu près comme si l'on disait : des mensonges vrais. Mais ne chicanons pas sur les mots, puisqu'il est entendu que cela, c'est de la science.

Il y a donc des hallucinations véridiques. Des vibrations qui ne sont que des vibrations ; qui diffèrent des ondes sonores comme des ondulations lumineuses, plus rapides que les unes, moins rapides que les autres, à moins que leur vitesse ne dépasse celles-ci comme celles-là : ces vibrations donnent naissance, non pas, tout uniment, à une luminosité ou à un son quelconques. Mais, ni voulues ni peut-être conscientes, elles n'en jouissent pas moins de la propriété merveilleuse d'engendrer une voix qui est celle d'une personne déterminée; une vision dans laquelle on reconnaît une figure connue ; des vêtements qui, par le plus extraordinaire des hasards, sont ceux portés au moment même par l'auteur, volontaire ou involontaire de l'hallucination; un milieu, enfin, souvent très complexe, qui est celui précisément où l'accident a eu lieu. Ces vibrations encore qui traversent, sans être déviées, toute la matière du globe; que rien n'arrête et dont rien ne ralentit la course ultra-rapide, ont cette fantaisie soudaine, cette décision, cette volonté, cette puissance de mettre un terme à leur folle allure, de se transformer, de se fixer, de se figer en des visions d'une certaine durée, en des sons qui se résolvent en paroles intelligibles, en des bruits dont l'intention téléologique n'est pas douteuse. Puis, leur but rempli, ou leur force épuisée, elles se dissolvent, s'éteignent, s'évanouissent de la même manière mystérieuse qu'elles s'étaient concrétées...

* *

Une question, toutefois, se pose, ou plutôt s'impose, au sujet des hallucinations, en général, des hallucinations véridiques, en particulier : Sommes-nous bien réellement en présence de manifestations hallucinatoires ? On l'affirme pour plusieurs raisons. D'abord, les figures vues, les sons entendus, les attouchements perçus ne le sont pas par toutes les personnes présentes au moment et dans les lieux qui les voient naître. En second lieu, ils s'effacent le plus souvent et disparaissent sans laisser après eux aucunes traces de leur passage. Les sujets prédisposés, en troisième lieu, les réalisent avec une facilité étonnante, soit qu'ils se les suggèrent eux-mêmes à eux-mêmes, soit que l'hypnotiseur ou le magnétiseur les inflige à leur crédibilité.

Ces raisons, qui sont sérieuses, suffisent, nous le croyons du moins, à l'explication des hallucinations suggérées, des hallucinations authentiques.

Mais, les autres, celles qui ne sont pas suggérées, ou dont nous ignorons les suggestionneurs occultes? Celles aussi qui correspondent, jusque dans leurs moindres détails, à des scènes vraies qui se passent au loin? Le fait qu'elles échappent à quelques-uns ne prouve rien contre leur objectivité, théoriquement possible. Les yeux de tous ne sont pas de constitution identique. Il y a autant de distance entre les puissances visuelles qu'entre les facultés intellectuelles.

Qu'on se rappelle, entre autres, la lumière de l'aimant, les lueurs que dégagent, dans une totale obscurité, les fleurs, les animaux, les hommes, tout ce qui vit, les corps inertes eux-mêmes, métaux et cristaux : C'est l'od, découvert par le baron de Reichenbach. Comme tous les initiateurs, celui-ci a été en butte aux tracasseries, aux soupçons injurieux, à la malveillance, à la vilenie des autres savants. On contestait ses expériences, on niait sa découverte. A part quelques retardataires qui ne veulent pas être éclairés, elle est aujourd'hui admise par tous.

Il existe donc des choses, d'une réalité, d'une objectivité certaine, qui, visibles pour les uns, passent inaperçues des autres, sans compter celles qui, non moins positives, ne sont vues de personne.

Vérité élémentaire, dira-t-on. Sans doute, mais vérité qu'on oublie ou dont on ne tient pas le compte qu'il faudrait. Si l'on y réfléchissait un peu plus, on ne contesterait pas aussi délibérément la réalité des objets qui, sensibles aux uns, échappent à la perception des autres.

Observons en passant que bien des choses peuvent exister, existent effectivement, longtemps avant que d'être aperçues, et qu'elles peuvent continuer, que, de fait, elles continuent souvent d'exister, bien après avoir disparu à nos yeux. Il suffit que certaines conditions extérieures changent pour qu'elles deviennent visibles d'invisibles qu'elles étaient, ou invisibles de visibles qu'elles étaient. L'hallucination est aussi bien négative que positive. Mais, avec l'action de l'invisible, nous n'avons pas même besoin de l'hallucination. Le même effet devient possible par transformation ou, plus simplement, par déplacement occulte. Il semble bien que la chimie d'outre-tombe, comme la chimie subliminale, possède des secrets qu'ignorent les plus savants d'entre les terriens. La dissolution progressive, ou instantanée, d'un organisme vivant temporaire n'est plus guère, de nos jours, susceptible d'un doute sérieux. Or, la dissolution implique la concrétion préalable. Des membres additionnels se forment en présence et probablement au détriment de certains sujets. Ces membres insolites ne sont pas inertes; ils vivent, se meuvent, agissent. Leur force est plus ou moins grande, leur durée plus ou moins éphémère. Ainsi, dans les séances d'Eusapia Paladino, de Mme d'Espérance et, plus récemment, d'un médium russe. Dans les conditions scientifiques les plus rigoureuses, des mains et des bras se sont condensés, matérialisés. Ils n'existaient pas tout à l'heure à l'état de membres distincts et tangibles. Quant au fait de savoir s'il faut les considérer comme des organes dynamiques, prolongement ou dédoublement des membres physiques du médium, ou comme la matérialisation de ceux d'un mort : peu importe pour le moment. Ce qui est hors de doute, c'est qu'il n'y a rien d'hallucinatoire, pas plus dans leur apparition que dans leur disparition. Nous avons à faire, non pas à de vaines apparences ou a d'irréels simulacres, mais à des faits positifs, à des créations tangibles.

Ainsi, au regard des faits, l'hallucination, pas plus que le subliminal, pas plus que la suggestion, pas plus que la télépathie, n'est pas une explication adéquate aux diverses manifestations psychiques. Cette induction scientifique me paraît de tous points légitime, à moins que l'on ne veuille, pour les besoins de la cause, sacrifier une fois de plus ceux des faits, très bien étudiés et scrupuleusement observés qui gênent les théories chères à un certain nombre d'hommes de science.

L'Induction scientifique.

Mais qu'est-ce au juste que l'induction scientifique ? Pour peu qu'on observe avec attention les manifestations de la nature, on aperçoit des unes aux autres de certaines analogies. La ressemblance qui est dans l'effet doit se retrouver dans la cause : ainsi le veut la constitution de l'esprit humain. De là, les hypothèses explicatives, de là, les lois qui n'ont d'autre but que de grouper les faits suivant les rapports qui se remarquent entre eux.

Une hypothèse n'est fondée en principe et dans la réalité pratique qu'autant qu'elle embrasse dans sa formule tous ceux des faits dont il s'agit de rendre compte. Mais, et c'est ce qu'il importe grandement d'observer, nous ne disposons, à chaque moment de la durée, que d'un nombre limité de faits. D'année en année, de jour en jour, des phénomènes se produisent, des manifestations surgissent, que rien ne faisait prévoir. Ce ne sont pas seulement des faits nouveaux dans des catégories déjà connues, mais des faits d'un ordre absolument ignoré, la révélation inattendue d'un monde qu'on ne soupçonnait pas. Quelle sera la position de ces faits vis-à-vis d'une hypothèse donnée? Les y introduira-t-on de force, ou les éconduira-t-on? On a recours alternativement à l'un et à l'autre procédé, tantôt faisant violence aux faits, tantôt élargissant l'hypothèse et la gonflant jusqu'à la faire éclater.

Il suffit de cette simple constatation pour montrer que l'hypothèse n'est pas une quantité invariable, la même en tous les temps et tous les lieux. Elle se modifie suivant les circonstances, suivant les phénomènes, suivant les savants. Les cadres s'en distendent au gré de la fantaisie de ceux qui s'en servent. Il en résulte ceci: que l'induction scientifique, qui n'est rien autre que l'effort de la science de faire rentrer un certain ensemble de faits sous des rubriques données, n'a pas plus de fixité que l'hypothèse elle-même dont elle est une forme ou un mode. Elle varie nécessairement de siècle en siècle, si même elle ne change pas plusieurs fois dans le cours d'un seul siècle. M. le prof. Flournoy, par exemple, croit rester, et, sans doute, reste dans l'induction scientifique, lorsqu'il dit: « Une action directe entre les êtres vivants, indépendamment des organes des sens, est chose tellement conforme à tout ce que nous savons de la nature qu'il est difficile de ne pas la supposer *a priori*, n'en eût-on aucun indice perceptible. Comment croire, en effet, que des foyers de phénomènes chimiques aussi complexes que les centres nerveux puissent se trouver en activité sans émettre des ondulations diverses, rayons x, y ou z, traversant le crâne comme le soleil une vitre, et allant agir, à toute distance, sur leurs homologues, en d'autres crânes ! » C'est la même induction scientifique qui lui permet de trouver très simple et tout naturel que des objets se déplacent sans le contact d'aucun organe physique normal, comme aussi la formation de membres dynamiques aux dépens du corps du médium, etc., etc. Ces choses, non seulement il y croit, il en a observé un certain nombre. Si elles bouleversent quelque peu nos notions physiologiques, elles ne renversent pas « nos conceptions sur la constitution de la matière ou sur notre intuition spatiale. »

Et, il en faut convenir, les affirmations du savant professeur sont vraies en l'an de grâce 1900. Depuis cinquante ans et plus qu'on parle des singuliers phénomènes qui font l'objet de son livre, l'esprit humain s'y est quelque peu habitué. A force de répétition, ils ont perdu leur caractère d'étrangeté. L'occulte dont ils s'enveloppaient comme d'un voile impénétrable s'est graduellement fondu au soleil de l'accoutumance.

Mais tout autres étaient les idées, tout autre était le langage de nos devanciers. Ces choses, qui nous paraissent presque naturelles, ne bouleversaient pas seulement leurs notions physiologiques; elles ne laissaient rien debout de leur conception de la science et de la matière. « Le jour, disait M. Foucault, où l'on ferait bouger un fétu de paille sous la seule action de ma volonté, j'en serais épouvanté... Si l'influence de l'esprit sur la matière n'expire pas à la surface de l'épiderme, il n'y a plus en ce monde de sûreté pour personne. » Un autre savant, M. Babinet, observait de son côté, qu' « on doit reléguer dans les fictions tout ce qui a été dit d'actions exercées à distance... Y a-t-il un seul exemple de mouvement produit sans force agissante extérieure? Donc le mouvement à distance est impossible. »

Si M. le prof. Flournoy avait écrit son beau livre en ces temps lointains, de deux choses l'une : ou il n'aurait pas expliqué les faits comme il les explique aujourd'hui, ou il aurait provoqué dans le monde de la science un scandale plus grand que le spiritisme même. On l'aurait mis, avec son induction scientifique, au rang de ces charlatans qui inspirent un profond dégoût et dont on déplore l'imbécillité. On l'aurait incorporé, bon gré mal gré, parmi ces « bandes d'illuminés » qui se jouent des « scènes burlesques ». Il aurait connu, enfin, ni plus ni moins que nous cet aimable amas d'épithètes qui, chez beaucoup, remplacent les raisons scientifiques absentes. Le monde, heureusement, a marché, j'entends le monde savant, et avec lui l'induction scientifique elle-même qui, bien loin d'être immuable, participe de la mutabilité de toutes choses.

Une autre observation s'impose : Lorsqu'on nous reproche de manquer aux principes de la saine méthode scientifique, en postulant une action spirituelle là où nous pourrions, où nous devrions nous en tenir strictement aux théories actuelles de la science, on oublie un tout petit détail, mais qui a son importance. C'est que la télépathie, la subconscience, l'inconscient, le subliminal, la suggestion, tant d'autres découvertes ou inventions de la psychologie contemporaine, ou n'existaient pas, ou étaient méconnues à la naissance du spiritisme. Il était difficile d'expliquer par elles des faits qui, non seulement débordaient tous les cadres de la science, mais que la science elle-même considérait comme la négation de ses principes les plus essentiels. Notre hypothèse est donc la plus ancienne, la première en date. Il est quelque peu étrange qu'on nous la reproche au nom de celles qui lui sont postérieures, et qui, d'ailleurs, n'auraient peut-être jamais été formulées sans l'invincible entêtement des magnétiseurs et des spirites. Mais telle est l'ingratitude habituelle des derniers nés. Ils oublient qu'ils sont redevables de presque tout à ceux qui les ont précédés sur la scène où se jouent nos inquiètes destinées.

Répétons-le donc : Opposer l'induction scientifique à l'occulte, ce n'est pas substituer le stable à l'instable, ni le positif à ce qui ne l'est pas. L'induction scientifique est une notion relative dont les rapports avec l'occulte ont singulièrement varié depuis un demi-siècle. Ils varieront encore, sans doute, et peut-être nous sera-t-il donné de voir le jour où la science et l'occulte se fondront ensemble dans quelque synthèse supérieure, embrassant à la fois ce qui est de la terre et ce qui est du ciel, la vie animique d'ici-bas et la vie spirituelle de là-haut.

En attendant, la distance est moindre de l'induction scientifique, comme l'entend M. Flournoy, aux théories qui nous sont chères, que de cette même induction aux idées d'un Foucault ou d'un Babinet. On va plus facilement de la télépathie et des hallucinations véridiques ou de l'action à distance au spiritisme, que des théories d'il y a cinquante ans à celles qui sont courantes parmi les savants de notre temps. Aussi, quel que soit le grand appareil scientifique sous lequel on prétend nous accabler, sommes-nous sans crainte aucune. La science n'a rien d'absolu. Elle n'est pas faite une fois pour toutes. Nous condamner en son nom, c'est tout ensemble préjuger des possibilités de l'avenir et méconnaitre les leçons du passé.

Léopold et Mlle Smith.

Dès son enfance, Hélène Smith a eu des visions. Elle n'était presque jamais seule. Tout un monde, invisible aux autres, se mouvait autour d'elle. Elle pouvait avoir dix ans, quand traversant « la plaine de Plainpalais en revenant de l'école, elle fut assaillie par un gros chien qui se dressa contre elle en aboyant. On se représente la terreur de la pauvre enfant qui fut heureusement délivrée par un personnage vêtu d'une grande robe foncée à larges manches avec une croix sur la poitrine, lequel se trouva là tout à coup et comme par miracle, chassa le chien, et disparut soudain avant qu'elle eût pu le remercier. » Ce personnage mystérieux aurait été Léopold. Protecteur discret et fidèle, autant que dévoué, il se montrait le plus souvent aux heures du danger.

Est-ce un personnage fictif, une création du subliminal, une des faces de Mlle Smith? Hélène le voit hors d'elle, dans l'espace. Son corps n'a rien de vague ni de vaporeux. Il cache les objets placés derrière lui aussi exactement que pourrait le faire un corps en chair et en os. Il ne se manifeste pas aux yeux seulement. Hélène entend sa voix. Des conversations s'établissent d'elle à lui. Il la conseille, il la dirige, il lui est secourable dans la vie de tous les jours. Il fait plus et il fait mieux. Dans les séances spirites, il se tient à ses côtés. Il est son guide, il veille sur elle. Il la défend, quand il en est besoin, contre des tentatives ou des expériences qu'il désapprouve ou qui lui paraissent nuisibles. Les suggestions posthypnotiques qu'on essaie d'imposer au médium se réalisent sans à-coups, à moins qu'il n'y mette opposition : auquel cas il est inutile d'insister, la suggestion ne réussira pas.

Il a sa volonté propre, est en pleine possession de lui-même, agit quand et comme il lui plait. On imaginerait difficilement une plus parfaite spontanéité. Ses facultés, qui ne sont pas ordinaires, lui permettent d'émailler sa conversation des réparties les plus spirituelles. A l'occasion, il sort des griffes qui égratignent très joliment. Il dira à son contradicteur : « Mes pensées ne sont pas tes pensées, et tes volontés ne sont pas les miennes, ami Flournoy. »

Après s'être longtemps communiqué par les coups frappés de la table, il s'est essayé à un autre genre de manifestations, en faisant voir au médium des lettres lumineuses tracées dans l'air. Puis, la chose ne paraissant pas aller à son gré, il s'est emparé de la main même du médium pour écrire, directement, les messages destinés, soit au sujet, soit aux assistants. Tout d'abord cela n'alla pas sans peine. Le médium avait une certaine manière de tenir la plume, Léopold en avait une autre. D'où lutte entre deux volontés contraires. Léopold insistait et s'entêtait. Le médium résistait et s'obstinait. Son refus de céder s'accompagnait d'une mimique très expressive de mécontentement, de colère même. A la longue, pourtant, il se soumit et s'abandonna. Léopold écrivit, et, chose remarquable, son écriture n'avait rien de commun avec celle de Mlle Smith. Elle offrait une autre particularité : l'orthographe était celle du siècle dernier.

S'il y a lutte entre Léopold et le médium, quant à la manière de tenir la plume ou le crayon, l'incarnation, — une manifestation ultérieure —

ne va pas non plus sans provoquer une résistance plus ou moins vive de la part du sujet. Dans les deux cas, ce n'est pas toujours Léopold qui est le vainqueur.

L'opposition, remarque M. Flournoy, se manifeste surtout dans les formes supérieures de l'automatisme moteur, c'est-à-dire à ce stage où les personnalités secondaires et tertiaires tendent à se rejoindre dans une personnalité supérieure qui les connait et les embrasse toutes. Et ici, nous ne pouvons que regretter, une fois de plus, que les expérimentateurs n'aient pas songé à pousser le sommeil plus loin, à élever l'automatisme d'un degré ou de deux. Peut-être alors eussent-ils atteint le point de fusion de toutes les personnalités secondaires, la base commune de la conscience normale, de la conscience subliminale et des consciences sous-subliminales. L'unité de l'être leur serait apparu. Ils auraient nettement distingué ce qui est de lui et ce qui n'est pas de lui. Nous déplorons d'autant plus cet oubli que M. Flournoy est un plus merveilleux analyste des procédés de la nature. Avec une pareille adjonction, ses conclusions eussent, à n'en pas douter, été plus fermes et plus sûres. Quoi qu'il en soit, il a laissé échapper une occasion, unique peut-être, d'aller jusqu'au fond de quelques-uns des problèmes qui se posent devant l'investigateur des phénomènes psychiques.

Mais revenons. Si Mlle Smith résiste et lutte, c'est qu'elle souffre de cette prise de possession. Des modifications importantes s'opèrent dans son organisme. Elle éprouve des sensations désagréables dans le cou, la nuque, la tête. Les paupières s'abaissent, l'expression du visage change. La gorge se gonfle en une sorte de double menton qui lui donne un air de famille avec la figure bien connue de Cagliostro.

Une fois la prise de possession effectuée, il se lève. Son attitude est fière. La tête se renverse légèrement en arrière. Les bras gesticulent. Mais la voix reste absente. De nouveaux efforts sont nécessaires pour approprier l'organe vocal. Voici enfin la parole. Elle est sans analogie avec celle normale du médium. La prononciation et l'accent sont italiens, la voix, une voix d'homme, est puissante et basse, grave et lente. Il s'exprime en un langage, tour à tour pompeux, grandiloquent, onctueux, sévère et terrible, sentimental. L'ensemble a quelque chose de théâtral et de réellement majestueux. Il prononce des discours magnifiques et d'une grande élévation morale.

D'après ce qui précède, on ne saurait refuser l'autonomie ni le libre arbitre à Léopold. Il a une manière d'être à lui, une conduite personnelle. S'il est fréquemment avec le médium, il n'est pas cependant toujours à sa disposition. Ses occupations, souvent, l'appellent ailleurs. Hélène Smith n'aurait pas l'idée des propos qu'il lui tient; elle se sent incapable des pensées qu'il lui dicte. Il répond à ses questions, soit qu'elle l'interroge mentalement ou verbalement. Il leur arrive de discuter ensemble, chacun ayant son quant à soi. Au reste, s'il est dévoué, prêt toujours à rendre service, il est également despotique, jaloux, vindicatif. Il ne tolère aucune concurrence, veut être le seul maître.

S'ils ont, chacun, sa volonté, ils ont aussi, l'un et l'autre, un champ distinct de connaissances. Léopold sait bien des choses que la personne normale de Mlle Smith ignore. Celle-ci, par contre, se rappelle de très nombreux faits dont celui-là n'a aucune connaissance. Il est impossible de décider laquelle des deux mémoires est la plus étendue.

Qu'on les considère donc, quant à leur âme ou quant à leur corps, sous le rapport de la volonté ou sous celui des connaissances, on se retrouve toujours en face du même dualisme irréductible. Leur existence n'est pas successive, elle est simultanée. Ils ne diffèrent pas seulement d'opinion, souvent ils se querellent. Tandis que *lui* parle par sa bouche, *elle* se plaint de souffrir de la tête et de la gorge, sans savoir pourquoi.

Dit-on des choses pénibles sur le compte d'Hélène endormie, Léopold les lui répète, éveillée, ayant soin, d'ailleurs, de les commenter pour en atténuer l'effet, et dans l'espoir d'excuser les coupables. Il prendra, au besoin, la défense de ceux qu'il vient de blâmer ou de trahir. Si son amour pour son médium est tout platonique, il a « une ardente sollicitude morale pour elle et son avancement vers la perfection ». Ses conseils sont toujours sages. Il lui donne les encouragements dont elle a besoin. Rares sont sa clairvoyance et sa prévoyance.

Tel est Léopold. Il n'est, malheureusement, pas que cela. Il a ses imperfections et ses inconsistances. Sa mémoire, très fidèle d'habitude, parfois le trompe. Il ne se rappelle pas toujours, le lendemain, ce qu'il a voulu ou fait la veille.

On lui reproche ces défaillances. On lui conteste, à cause d'elles, l'existence personnelle, une vie indépendante de celle du sujet. Il ne serait, tout au fond, qu'une des formes, une des concrétions subliminales de celui-ci.

Mais l'homme, tel que nous le connaissons, n'a-t-il pas aussi ses faiblesses, ses inconsistances, ses oublis? Ne commet-il pas aussi de fréquentes erreurs? Sa vie n'est pas si unie qu'on n'y puisse relever les fautes et les contradictions qui s'observent chez Léopold. En est-il moins lui? S'affirme-t-il moins pour cela? Son individualité en est-elle détruite? Nullement.

Au reste, M. Flournoy qui, par moments, affirme très nettement l'identité fondamentale du médium et de Léopold, convient avec sa bonhomie et sa loyauté habituelles qu'il ne se dissimule pas ce qu'il y a de peu satisfaisant dans des explications conjecturales, toutes bourrées de *peut-être* et de *probablement*. C'est une grave concession. Il y en a une autre qui l'est davantage : celle où il reconnaît que les explications des occultistes et les siennes se valent, que c'est bonnet blanc et blanc bonnet.

Il est vrai qu'il se reprend tout aussitôt pour appeler son explication « l'explication normale » et la nôtre « l'explication occulte ». *L'orthodoxie est ma doxie ; l'hétérodoxie est ta doxie.* Je veux bien, moi. Je serais pourtant curieux de savoir en quoi l'explication par le subliminal est plus normale que l'explication par l'esprit, en quoi notre explication est plus occulte que la sienne. Car, enfin, un subliminal — je m'excuse de me répéter — qui a de la promptitude, de la finesse, un flair étonnamment exquis et délicat; des facultés subliminales qui sont capables d'un plus haut degré de perfection que la conscience normale ; un génie subconscient qui s'acquitte d'une façon remarquable d'une tâche fort difficile, y déployant un sens vraiment fort délicat des possibilités historiques et de la couleur locale ; une imagination remarquablement calme, pondérée, attachée au réel et au vraisemblable ; une subconscience merveilleusement douée et prodigieusement féconde, qui non seulement ignore la conscience normale, mais s'ignore elle-même ; qui, bien qu'attachée au vraisemblable, ne fait que se mentir à elle-même et aux autres ; qui, chez elle, agit en étrangère ; qui s'affirme ce qu'elle n'est pas, se croyant, en toute loyauté, Pierre, Jacques ou Paul, alors qu'elle n'est que Jean, Jean toujours ; un subliminal qui fait écrire au médium des écritures qui ne sont pas les siennes ; qui change une douce voix de femme en une voix d'homme profonde, grave, lente et basse ; qui, plus que tout cela, modifie la physionomie, gonfle le cou jusqu'à donner à l'ensemble l'apparence du masque bien connu de Cagliostro : un tel subliminal me paraît d'une explication, pour le moins, aussi occulte, aussi invraisemblable que celle défendue et admise par les spirites.

* *

Mais je vais plus loin. Je me demande si l'inconsistance, les variations, les oublis du personnage ne seraient pas, tout ou partie, imputables aux observateurs. J'ai déjà dit quelques mots à ce propos. Il faut qu'on me permette d'y revenir.

M. Flournoy admet l'extrême suggestibilité des sujets dans le sommeil somnambulique. Il ne faut qu'une indication, un signe, un rien, pour que la conscience subliminale s'en empare et modifie, du tout au tout, le cours normal de ses vaticinations. Ainsi, il aurait suffi d'un mot, dit en passant par M. Lemaitre, pour donner naissance à tout le roman martien.

Si nous admettons la thèse de l'éminent professeur, nous en conclurons, très légitimement, ceci : pour que des expériences dans ce domaine soient ingénues, vraies, sans mélange d'éléments étrangers, les expérimentateurs doivent se mettre en garde, avec le soin le plus scrupuleux, contre tout ce qui pourrait faire dévier le médium de la voie qui est la sienne. S'ils ne le font pas, ils s'exposent à des résultats qui, la plupart du temps, seront ou pourront être adultérés. Et ce qui aggrave leur cas, c'est qu'ils n'ont pas ou n'ont plus l'excuse de l'ignorance. Ils font sciemment, en toute connaissance de cause, ce qu'ils font. C'est un peu comme si l'on jouait avec des dés pipés ou des cartes marquées.

Or, M. Flournoy ni ses collaborateurs n'ont point cherché à se mettre à l'abri des effets perturbateurs de la suggestion. Bien au contraire,

Ils en usaient et en abusaient. Le médium était, à tout moment, arrêté, suggestionné, soit par des questions hors de saison, soit par des observations faites à haute voix, soit par des expériences physiologiques sur la sensibilité cutanée, soit de toute autre manière.

Nous avons le droit, dans ces conditions, de nous inscrire en faux contre les conclusions, négatives ou positives, qu'on prétendrait tirer d'expériences conduites de la sorte. Et pour qu'on ne croie pas que j'exagère ou outre les choses, qu'on me permette de citer quelques exemples :

Astané écrit par la main du médium qui paraît complètement absorbé. Les assistants, pendant ce temps, conversent librement entre eux. Le médium en est troublé. Léopold, par trois violents coups de poing sur la table, rappelle les bavards à l'ordre.

Dans une autre séance, Hélène est devant le bûcher dans l'Inde. La scène est palpitante. On écoute. Cependant, les questions des assistants se croisent et s'entre-croisent. On lui demande si elle souffre. On veut savoir si elle viendra sur le canapé pour le réveil. Et cela continue ainsi, indéfiniment, sans ordre ni suite, au gré de la fantaisie ou du caprice de chacun. Mais, j'ai vraiment regret à le dire, la question la plus saugrenue, et qui marque un état d'esprit assez singulier chez un expérimentateur sérieux comme l'est M. Flournoy, a été faite par lui-même. Immédiatement après la scène où Hélène venait de passer par l'agonie du bûcher, il demanda : « Est-ce que je pouvais déjà bouger les oreilles étant prince? » J'ignore ce que le subliminal de Mlle Smith pensa de la question. Elle est, malheureusement, demeurée sans réponse. Une autre n'a pas que je sache obtenu plus de succès. Il s'agissait de savoir si, après son réveil, le médium pourrait donner un soufflet à M. Flournoy.

Un dernier exemple : Dans la séance du 9 Janvier 1895, Mlle Smith se lève et va s'asseoir dans un fauteuil en face de celui où elle a vu Mme N***. Il est facile, à son attitude, de comprendre qu'elle voit deux personnes en face d'elle, probablement Mme N*** dans son fauteuil — déjà vue dans la même séance — et une autre personne sur une chaise. Elle fait signe à une troisième personne, qui se trouve derrière elle, de s'avancer, mais ses efforts restent sans effet. Cette troisième personne, malgré les invitations réitérées de Mlle Smith, semble ne pas faire mine de vouloir se déplacer.

M. Flournoy engage alors deux des membres du groupe à prendre place avec lui sur les trois sièges où Mlle Smith voit des personnes. On accède à sa demande, mais on a lieu de le regretter, car le médium détourne les yeux avec mépris. M. Flournoy et ceux qui avaient suivi son exemple se déplacent immédiatement. C'est trop tard. Mlle Smith ne revoit plus ses visiteurs, et, angoissée, se lève pour aller les chercher. Elle passe dans la salle à manger, ouvre violemment la porte donnant sur la véranda, et serait allée au jardin, si on ne l'avait ramenée de force.

Je le demande : des interventions de cette nature, aussi légères de ton, aussi dénuées de sens, des essais de vulgaire hypnotisme, des interruptions constantes peuvent-elles influer autrement qu'en mal sur des expériences qui prétendent à être, et qui devraient être, sérieuses ? Je demande également si l'on est fondé à conclure dans un sens négatif, lorsque l'on n'a pas pris plus de précautions pour se mettre à l'abri de l'erreur, lorsque, pour mieux dire, on semble avoir de parti-pris gêné ou dénaturé les communications à recevoir ?

Un autre défaut, constant celui-là, consiste dans la façon d'interroger le médium. Les questions sont toujours faites de telle manière que la réponse ne pourra être que *oui* ou *non*. Or, dans l'état d'extrême suggestibilité où est le médium, c'est plus ou moins lui dicter ce qu'on espère de lui, c'est le suggérer. Au lieu de dire, s'il s'agit d'une vision : Est-ce un tel ou une telle ? Le tableau que vous voyez représente-t-il ceci ou cela ?

Il eût été infiniment préférable de s'exprimer ainsi : Qui voyez-vous? Que représente le tableau qui s'offre à vos yeux? Alors on ne le suggère ni dans le sens affirmatif ni dans le sens négatif. Il reste libre, entièrement libre. Cela parait peu de chose. C'est plus important qu'on ne l'imagine.

Autre chose. Le médium se rendait dans différents groupes dans chacun desquels, par ci, par là, venaient des personnes qui n'assistaient pas habituellement aux séances. Or, comme, pour une raison ou pour une autre, Mlle Smith s'intéresse le plus souvent aux nouveaux venus, la plupart d'entre eux ont été l'occasion de communications qui sont venues, très malheureusement, interférer avec celles qui étaient en cours. La présence de quelques-uns même a été la cause déterminante de véritables romans — disons créations — à longue durée et à reprises fréquentes.

Il en est résulté ceci : qu'un grand nombre d'expériences ont été commencées, que peu ont été achevées. L'une faisait tort à l'autre. Les communications de Marie-Antoinette étaient reléguées dans l'ombre par celles relatives à la planète Mars : celles-ci, à leur tour, s'éclipsaient devant celles, plus extraordinaires, de la princesse Simandini. Il y avait de longues interruptions des unes aux autres. La cessation n'était pas définitive.

Les premières en date revenaient à intervalles, réguliers ou non, pour bientôt laisser le champ de nouveau libre à celles qui leur étaient postérieures. Je ne crois pas me tromper en affirmant que ces variations, ces successions, ce trouble, ce désordre ne sont pas des conditions favorables au développement ni au parachèvement des phénomènes qu'on étudie.

Je ne veux pas rechercher à qui incombe la responsabilité de la faute que je viens de signaler. Il me suffit de constater qu'il y a eu faute. Et qu'ainsi on a nui, sans le vouloir peut-être, à la libre réalisation des manifestations, qui auraient pu être plus complètes et plus probantes. La médiumnité est une fleur qui ne s'épanouit dans sa totale richesse que sous des influences et dans un milieu toujours les mêmes. Et lorsqu'on n'a pas observé les conditions essentielles qui sont les siennes, ou que les phénomènes n'ont pas pu se produire dans toute leur spontanéité, on n'a pas le droit de conclure négativement une étude qui, si habile soit-elle, n'en présente pas moins plus d'un côté défectueux.

Le Roman Martien.

L'analyse du roman martien est le triomphe de M. le prof. Flournoy. Il y fait preuve d'une souplesse, d'une habileté, d'une ingéniosité, d'une sagacité rares. Le problème était singulièrement ardu. On pouvait, sans faiblesse, désespérer de la solution. Mais, aux lourdes tâches, les grandes audaces. L'éminent savant, bien loin de se laisser rebuter, par ce qu'offrait d'ingrat et de périlleux, l'étrange énigme qui se proposait à ses méditations, s'y livra tout entier, sans restriction ni hésitation. Et alors commença une lutte mémorable entre ce protée insaisissable qu'est le subliminal, et cet esprit de haute logique et de large envergure qu'est M. Flournoy. L'un se dérobait sous de multiples déguisements et des masques divers ; l'autre, comme par une sorte de divination, dépistait toutes les ruses, rendait vaines toutes les subtilités. Quelques formes inattendues que revêtit le premier ; sous quelques apparences trompeuses qu'il cherchât à dissimuler son identité ; qu'il parlât martien ou ultra-martien ; qu'il écrivît dans l'une ou l'autre de ces deux langues ; qu'il s'exprimât dans les termes sévères de l'homme de science, dans ceux plus fleuris de l'amoureux, ou plus naïfs de l'enfant ; qu'il dessinât des paysages bizarres, ou des êtres qui le sont davantage : toujours, sous toutes les formes, avec un flair étonnamment sûr, le savant psychologue, le désignant du doigt, lui disait, le reconnaissant : C'est toi, toi toujours, rien que toi.

Mais que parlé-je de victoire et de défaite ? La lutte, en réalité, n'était pas entre le professeur et le subliminal. Ils étaient, l'un et l'autre, les protagonistes d'une même cause. Tous deux tendaient, avec une ardeur égale, à ce but : la démonstration de la non-intervention des esprits dans les phénomènes psychiques observés. Et, il en faut convenir, ils ont si bien frappé d'estoc et de taille, si vaillamment combattu, que, dans le cas particulier, dont il s'agit, ils ne sont pas loin d'avoir raison, tant la discussion est précise et lumineuse, tant les arguments appelés à la rescousse sont topiques et savoureux.

Est-ce à dire que tout soit irréprochable dans cette longue et prestigieuse dissertation ? Je ne le pense pas. Pour peu qu'on suive, avec toute l'attention qui convient, le déroulement progressif d'une argumentation qui, tout d'abord, paraît sans lacunes ni fissures, on est frappé de la part d'inévitable arbitraire qui s'y rencontre. Mˡˡᵉ Smith, « qui est capable de tout », dans ce curieux roman d'outre-terre, se montre déplorablement pauvre d'imagination. « Il y a moins de distance entre les mœurs martiennes et notre genre de vie européen, qu'entre celui-ci et la civilisation musulmane ou les peuples sauvages. »

Comment et pourquoi le subliminal, aux facultés si merveilleuses, si abondantes, si créatrices, se rétrécit-il ainsi tout à coup et se rabaisse-t-il aux proportions d'« une bonne et sage petite imagination de 10 à 12 ans ». C'est que le médium est très intelligent. Il a quelque peu lu et beaucoup retenu. Il était impossible de lui laisser pour compte, dans son stage actuel, les pauvretés qui sont le fond des élucubrations martiennes. Un seul moyen s'offrait de tout concilier : rejeter la première idée du roman, son élaboration primitive dans l'enfance même du médium. Cela ne cadre guère avec le reste, mais cela paraît à M. Flournoy une explication suffisante d'une difficulté qui ne laissait pas que d'être embarrassante.

Mais pourquoi encore placer l'origine du roman martien précisément à cette date fatidique : *entre dix et douze ans*, plutôt qu'entre onze et treize, ou douze et quatorze ? C'est que Mˡˡᵉ Smith, sous peu, allait commencer l'étude de l'allemand. Et il fallait qu'elle ne sût pas un mot de cette langue au moment où s'épanouissaient, dans sa subconscience, les premiers germes d'un fruit qui ne devait mûrir que beaucoup plus tard. Autrement, certaines observations relatives au langage martien, trop littéralement calqué sur le français, perdaient tout leur sel, mieux toute leur raison d'être. Je n'exagère donc pas en parlant d'arbitraire.

Mlle Smith, au reste, qui, consciemment, déteste les langues, subliminalement « prend un plaisir tout spécial aux ébats linguistiques et à la fabrication d'idiomes inédits ». Ce n'est pas la seule contradiction à relever dans la « bonne et sage petite imagination de 10 à 12 ans ». Si bonne et si sage soit-elle, elle ne laisse pas d'être aussi exubérante, « partageant pour la couleur, la lumière et l'exotisme oriental les tendances esthétiques de Mlle Smith ».

Non seulement cela. Malgré son « caractère enfantin et puéril », on retrouve, dans ses vaticinations, « une forte nuance d'originalité exotique et d'archaïsme dans les formules de salutations et d'adieu, ainsi que dans beaucoup d'expressions et de tournures de phrases qui rappellent plus le parler nuageux et métaphorique de l'Orient que la sèche précision de notre langage courant ». Ce n'est déjà pas mal pour une bonne et sage petite imagination de 10 à 12 ans. Mais il y a mieux. Elle varie notablement le style de ses textes, suivant le personnage qu'elle met en scène, « ce qui, dit M. Flournoy, est dans l'ordre ». Dans l'ordre? S'il s'agissait d'un écrivain de profession, je ne dis pas ; d'une personne cultivée, passe encore. Mais il est question d'une enfant de 10 à 12 ans, d'une bonne et sage petite imagination. Et alors, c'est une autre affaire. Il n'est pas si facile de parer ses formules de salutations et d'adieu d'une forte nuance d'originalité exotique et d'archaïsme ; encore moins l'est-il d'imiter dans ses expressions et ses tournures de phrases le parler nuageux et métaphorique de l'Orient. Que sera-ce quand il s'agit de faire parler, chacun suivant son langage et sa situation, un enfant et un vieillard, un astronome et un amoureux, sans mentionner les autres? La difficulté, ici, me paraît quasi-insurmontable. Peut-être, après tout, ne l'est-elle pas, étant donnée la prodigieuse plasticité du subliminal.

Puis, on nous objectera que ces distinctions, tant soit peu subtiles, datent d'une époque très postérieure à la première éclosion du roman. C'est possible, mais c'est là précisément que gît l'arbitraire. On détermine les âges divers, non suivant des règles fixes et positives, mais conformément aux besoins de la cause qu'on défend. On l'a si bien senti, on est si peu sûr de ce qu'on avance, qu'on dit, par ailleurs, que « l'idée du roman martien, née dans l'esprit d'Hélène avec son initiation au spiritisme y a peut-être (?) germé bien avant. »

Je n'insiste pas. Je passe également sur la langue martienne elle-même, si curieuse, si étonnante, une œuvre unique, si je ne me trompe, dans les fastes de la psychologie, digne, par conséquent, de la plus haute considération. Je n'insiste pas, parce que, dans l'ensemble, et, abstraction faite des contradictions et de l'arbitraire dont il n'a pas su se défendre, je ne suis pas loin de partager les conclusions de M. Flournoy. Dans l'ensemble, non dans le détail. A côté, en effet, des faits dont la vérification est impossible, et que l'on peut, que l'on doit, je pense, expliquer par la seule action du subliminal, il y en a quelques-uns dont la signification est tout autre, et pour lesquels l'explication dite scientifique me parait insuffisante.

Dans une séance chez M. Lemaître, le médium voit se former, en spirale, un fantôme blanc derrière Mme Mirbel dont les épaules se couvrent de fluide, et dont les mains, peu après, ne sont plus visibles aux yeux de Mlle Smith. Le travail continue, le fantôme va se transformant progressivement, si bien que Mlle Smith finit par l'apercevoir sous la forme d'un jeune homme d'environ dix-sept ans, qu'elle dépeint ainsi : « Oh! quel joli profil! j'aime cette figure! il a les cheveux frisés, foncés. Il paraît très intelligent, il est élégant, bien dégagé ; il a une physionomie ouverte, un nez droit avec les narines assez ouvertes. » C'est le portrait, trait pour trait, du fils de Mme Mirbel, décédé, il y a quelques années.

Le médium, maintenant, ne voit plus du tout Mme Mirbel. Le jeune homme lui-même disparaît. Ce n'est que pour un moment. Mlle Smith bientôt s'écrie : « Eh! le revoici ». Il n'est pas seul, cette fois. Une quantité de messieurs, presque tous jeunes, l'accompagnent. Ils ont des livres sous le bras, on dirait des étudiants. Parmi eux, quelques personnes plus sérieuses, un homme, entre autres, aux yeux noirs et à la barbe blanche qui se dessine au premier plan et dont la figure ressemble à celle de Victor Hugo. Il a un habit noir, une tête imposante. Il converse avec le jeune homme dans une longue avenue. On lui donnerait de 70 à 80 ans.

La scène change encore. Un mur de séparation se forme, dans le salon, aux yeux de Mlle Smith.

Puis, lui apparaît un beau cimetière avec de beaux monuments dont un très drôle qui a comme une fenêtre.

C'est, dicte la table, *Le Père-Lachaise.*

Le monument qui a fixé les regards du médium a des barreaux derrière lesquels on remarque une statue de femme vêtue d'une grande robe. On ouvre le monument, deux cercueils s'y trouvent dans une chambre en pierre. Après les avoir montrés à Mlle Smith, la chambre se referme.

Là-dessus, la table épelle : « *Raspail ! Je te l'amène, mère bien-aimée !* »

Nouveau changement. Le vieillard et le jeune homme font voir au médium une tête qui est la reproduction de celle de Mme Mirbel, présente à la table. Ils en soulèvent la peau, sur le crâne, et découvrent un liquide jaune sale qui circule autour des yeux. Sur quoi Mlle Smith dit à Mme Mirbel : Vous devez avoir quelque chose d'anormal dans les yeux. L'un de vos yeux est même tellement « embourbé de choses dures » qu'il doit être aveugle. L'autre a des veines injectées avec une tache qui se forme au milieu.

Vient enfin la prescription d'un traitement tout à fait dans la manière de Raspail.

Or, Mlle Smith, qui ne connaissait pas Mme Mirbel, ignorait qu'elle eût un œil de verre et fût menacée de perdre l'autre.

Dans une séance ultérieure où Mme Mirbel, agenouillée auprès de son fils retrouvé, sanglote bruyamment, celui-ci lui prodigue les marques de la plus profonde affection et lui caresse les mains « exactement comme il avait coutume de faire pendant sa dernière maladie. »

Notons, pour finir, ce trait : Dans une phrase martienne, Mlle Smith parlant par Esenale dit : « Mère adorée, je te reconnais, je suis ton petit Linet. » — Linet était un petit nom d'amitié donné à l'enfant, et que sûrement le médium ignorait.

* * *

Nous nous trouvons en présence ici, non pas de visions quelconques invérifiables ou imaginaires ; non. Le cimetière existe bien tel qu'il a été décrit. Le monument de Raspail aussi est réel. Quant aux détails relatifs au fils de Mme Mirbel, ils sont pareillement d'une rigoureuse exactitude. La mère le reconnaît à la description qui lui en est faite, comme aux caresses dont il couvre ses mains. Il n'est pas jusqu'à ce nom d'amitié, *Linet*, qui ne soit conforme à la réalité.

Comment expliquer ces choses ? Comment comprendre cette étrange mixtion de phénomènes strictement vrais et de phénomènes purement imaginaires ?

Pour ce qui est du cimetière, la vision à distance, la seconde vue suffit à la rigueur, pour en rendre compte. On peut même supposer, et c'est ce qu'il y a de plus simple, que Mlle Smith a vu, une fois ou l'autre, une gravure ou une photographie du Père-Lachaise et du monument de Raspail. Qu'on n'objecte pas à cette manière de voir les dénégations du médium : ces dénégations sont sans valeur. La psychologie est bien mieux renseignée à cet égard que l'intéressée elle-même. Car, elle a cela de merveilleux, la psychologie, qu'elle est une méthode, et une méthode quasi-infaillible. S'il se trouve, dans une mémoire, la vôtre ou la mienne, un fait ou un souvenir dont vous ignorez, et dont j'ignore comment il y est entré; si même il s'agit de choses que vous n'avez sûrement pas pu voir, et qui vous stupéfient, la psychologie, elle, ne s'embarrasse pas pour si peu. Elle demeure persuadée que vous avez vu, nécessairement vu, l'objet de votre étonnement. Son point de départ est, ou peu s'en faut, celui des sensualistes au XVIIIe siècle. Ceux-ci disaient : Rien n'est dans l'intelligence qui n'ait auparavant passé par les sens. Armés de ce principe triomphant, ils résolvaient avec une simplicité élégante et délicieuse toutes les difficultés qu'offre l'étude de l'homme intellectuel et moral. La psychologie tient un langage analogue : Tout ce qui est dans l'âme y est entré par des voies normales. Et du coup tombent les obstacles qui arrêtent le vulgaire. Vous vous mettez martel en tête, par exemple, pour savoir comment Mlle Smith, qui n'a jamais été à Paris, a pu avoir une connaissance aussi précise de ce coin de la grande ville qui est le cimetière du Père-Lachaise. Avec de solides principes, point d'embarras, on se fait ce très simple raisonnement : Rien n'est dans l'âme qui n'y soit entré par des voies normales. Donc, Mlle Smith a connu, normalement, les choses dont elle parle; donc la solution du problème qui me tracasse est toute trouvée. Rien ne vaut, pour se tirer d'affaire dans les cas difficiles, quelques bons et solides axiomes.

Voilà pour les choses extérieures. Pour celles qui sont intérieures, qui n'existent pas en dehors du monde de l'intelligence ou du sentiment, on a la télépathie, la lecture de la pensée, la suggestion, la lucidité, le subliminal, sans compter quelques autres. C'est ainsi qu'a lieu la pénétration des fors les mieux clos. Toute maison est de verre, tout est transparence aux regards aigus du médium. Pas un sentiment, si intime soit-il, pas une opération intellectuelle, quelque compliquée qu'on la suppose, qui, de la sorte, ne se révèle au dehors. Mme Mirbel garde en elle le souvenir de son fils. Ce souvenir prend si bien corps que Mlle Smith le voit, le connaît, le décrit comme un personnage en chair et en os. Ce fils avait une certaine manière de lui caresser les mains. Le rayonnement de ces caresses, après des années, est si intense qu'il se communique aux mains du médium qui, machinalement, les répète ou les renouvelle à la mère. Celle-ci gardait, dans un pli de sa mémoire, comme un trésor inestimable, un petit mot d'amitié. Le mot éclate, comme une fusée, frappe le cerveau de Mlle Smith qui, fidèle écho, le renvoie à la mère.

Mais parlons sérieusement. Les faits que nous venons de rappeler, et les détails qui les accompagnent, sont d'une précision et d'une netteté telles que je ne vois pas qu'on puisse, *légitimement*, s'appuyer, pour les expliquer, sur les théories dites scientifiques, dont on se prévaut. On le peut d'autant moins que ces théories sont plus incertaines et plus nuageuses. Je sais bien que M. le professeur Flournoy se sert d'elles contre le spiritisme. Elles lui suffisent généralement; généralement, pas toujours. Il lui arrive d'avoir des scrupules, d'éprouver des hésitations. C'est ainsi qu'après avoir affirmé que l'analyse attentive des phénomènes médianimiques d'Hélène « n'y a révélé aucun vestige évident de l'au delà, pas même des traces certaines d'une transmission télépathique de la part des vivants », il s'exprime en ces termes : « Je me garderai bien d'affirmer que ces pastiches et simulacres soient absolument purs d'une collaboration spirite. »

Une autre considération trouve sa place ici.

M. Flournoy, en sa qualité de psychologue, explique les phénomènes psychiques par les raisons que l'on sait. Mais s'il oublie momentanément le spiritisme pour envisager la télépathie en elle-même, ses affirmations sont beaucoup moins positives. Sans doute, « tout bien pesé, il incline fortement du côté de l'affirmative » ; un peu plus loin même « il n'hésite pas à l'admettre », sauf à se reprendre quelques lignes plus bas et à dire qu'il est « prédisposé en faveur de la télépathie. »

Autre chose aurait dû éveiller ses susceptibilités. La télépathie n'est pas de constatation facile, elle réussit rarement au moment et dans les conditions où l'on voudrait la provoquer. M. Flournoy l'a essayé à plusieurs reprises sans obtenir de résultats satisfaisants : preuve nouvelle que c'est plutôt s'aventurer que de vouloir tout expliquer par elle.

Notons une difficulté qui fait le désespoir des chercheurs : c'est le mélange inextricable de vrai et de faux qui s'observe dans la plupart des phénomènes psychiques. C'est ainsi que le roman martien nous offre quelques faits dont la rigoureuse exactitude n'est pas contestable. Comment se sont-ils glissés parmi la foule de ceux qui ne semblent dus qu'à la seule action du subliminal? Ou comment, avec un point de départ qui promettait tant, le médium a-t-il dérivé vers des rêveries et des imaginations qui paraissent ne correspondre à aucune réalité? C'est que les forces à l'œuvre dans les phénomènes ne sont pas de même nature ni de direction identique. Peut-être aussi que si les facultés subliminales volontiers s'amusent à faire de merveilleux pastiches « pour le divertissement des psychologues et la mystification des naïfs », d'autres forces existent — car tout est possible — qui prennent un malin plaisir à créer d'autres pastiches pour la mystification des psychologues et le divertissement des naïfs. Et ces influences, diverses et rivales, se heurtent, se combattent, se repoussent, s'enchevêtrent, s'annihilent. Si l'une, un moment, prend le dessus, elle reperd, l'instant d'après, la conduite du phénomène. Ainsi s'expliquent les troubles dans les séances, ainsi le mélange hétéroclite de choses réelles et de choses irréelles, de manifestations qui donnent le frisson du beau côtoyant des scènes burlesques.

Mais, si l'erreur reste l'erreur, la vérité aussi demeure elle-même. A nous de découvrir dans l'énorme gangue impure dont elle s'enveloppe, la pierre précieuse, le diamant aux facettes scintillantes qui jette sa lumière dans nos obscurités. Si la tâche est longue et pénible, belle aussi et digne de tous nos efforts est la conquête qui couronnera notre persévérant labeur. Élaguons, élaguons sans pitié ce qui est douteux ; mais gardons, sans en rien laisser égarer, les moindres parcelles de vérité. L'apparition du fils décédé de Mme Mirbel, les caresses qu'il lui fait, le nom qu'il lui rappelle, me semblent marquer, entre beaucoup d'autres, très nettement, une intervention du monde invisible dans le nôtre. C'est pourquoi nous ne saurions consentir à les sacrifier sur l'autel de la psychologie. C'est pourquoi aussi nous les retenons en dépit de leur rattachement à un ensemble de phénomènes dans lesquels, si le subliminal joue le premier rôle, il n'est pas, très probablement, tout seul à l'œuvre.

Le Roman Hindou.

La langue du roman martien, créée de toutes pièces, présente un intérêt très particulier, quoiqu'elle ne soit pas — la chose au moins paraît certaine — ce qu'elle a la prétention d'être : une langue parlée sur la Planète Mars. Dans le roman hindou, le spectacle, pour être d'une nature différente, n'est pas moins digne, lui aussi, d'une très sérieuse considération. Le médium, cette fois, plutôt que d'imaginer, subliminalement, des mots et des signes inexistants, pour l'expression parlée et graphique de sa pensée, les emprunte à une langue terrestre dont, à l'état de veille, il ignore jusqu'aux premiers éléments.

Le phénomène est étrange, et, de prime abord, paraît incroyable. Nous n'avons pas encore découvert, en effet, le moyen de tirer de notre tréfonds des choses qu'il ne contient pas, ni la méthode à suivre pour prononcer, avec l'accent qui convient et dans des circonstances appropriées, les mots et les phrases d'un idiome qui nous est inconnu.

Tel est, cependant, le cas de Mlle Smith. Elle parle, au moins fragmentairement, le sanscrit qu'elle n'a pas étudié. Comment? Là est la grosse difficulté. Deux explications s'opposent l'une à l'autre: l'explication par le spiritisme, et l'explication par la psychologie. Celle-ci, tout naturellement, est l'explication scientifique, quoique la psychologie soit à peine une science. Voici comme elle procède: Mlle Smith, sans doute ne se souvient pas d'avoir jamais étudié le sanscrit ni même d'en avoir eu des spécimens sous les yeux. Mais il y a en elle, comme en chacun de nous, une double conscience: la conscience normale et la conscience subliminale. Ce que la première a oublié, l'autre l'a retenu. Et puisque Mlle Smith, endormie, emploie à propos les termes qui font le sujet de notre étonnement, c'est qu'une fois ou l'autre elle les a vus, éveillée. Où, quand, sous quelle forme, dans quelles circonstances? Peu importe! L'essentiel est qu'elle les ait vus. Et sur ce point, il ne peut pas y avoir de doute, puisqu'elle les sait et s'en sert.

Ce n'est ni plus ni moins qu'une pétition de principe. On affirme, on présuppose ce qu'il s'agissait de prouver. Quant à des preuves directes en faveur de la thèse, il n'en existe pas de positives, pas même de fortes présomptions. A l'encontre du savant professeur, Mlle Smith nie, nie absolument avoir jamais eu entre les mains aucun ouvrage quelconque traitant de sanscrit. D'autre part, M. Flournoy lui-même, après enquêtes et recherches approfondies, avoue n'avoir rien découvert qui justifie ses dires. En face du résultat négatif de ses investigations, on s'étonne quelque peu de ses conclusions positives qui, décidément, ne sont guère acceptables. Elles le sont d'autant moins qu'il ne suffit pas, en général, d'avoir feuilleté une fois, par hasard, une grammaire sanscrite pour incruster dans le cerveau, avec la forme des lettres, le sens des mots et leur exact emploi dans des circonstances données.

Ces choses dépassent de trop loin l'expérience scientifique. Il y a plus. Mlle Smith, outre qu'elle emploie correctement, dans ses somnambulismes, nombre de termes sanscrits, a remarqué un détail, une particularité assez curieuse de cette langue. L'f y manque et jamais le médium n'a employé cette lettre dans son parler hindou. C'est plus que beaucoup de subtilité pour une personne qui n'aurait entrevu qu'en passant une grammaire sanscrite ; ce serait beaucoup même pour un subliminal.

Mais la psychologie persiste dans son raisonnement : Puisque Mlle Smith sait, c'est donc qu'elle a vu. Car, rien n'est dans l'intelligence qui n'y soit entré par les sens ou quelqu'un des moyens admis par les psychologues. Mais c'est là le défaut de la cuirasse.

On commence par établir des règles et des principes dont rien ne prouve l'universelle vérité, et, sur ces principes non démontrés, on élève tout un immense édifice d'assertions conjecturales. C'est la méthode psychologique, je le veux bien. Mais c'est contre cette méthode, encore une fois, que nous nous élevons au nom de cette même expérience scientifique dont on ne cesse de se réclamer.

Le médium donc parle, partiellement, une langue dont rien, rien absolument, ne prouve, sauf les nécessités d'une méthode *a priori*, qu'il l'ait connue par les voies normales. La porte reste donc largement ouverte pour une autre explication.

Le médium fait mieux. Il donne sur certains personnages hindous des renseignements historiques d'une remarquable précision. Ce que valent ces renseignements, s'ils sont ou non authentiques, aucun des membres du groupe ne le sait. Les dictionnaires ne mentionnent aucun des personnages en question. D'éminents savants, des spécialistes, consultés à ce sujet, n'en savent pas davantage. A quoi se résoudre? L'auteur

« des Indes à la Planète Mars », fidèle à sa très louable habitude d'aller au fond des choses, poursuit ses recherches, fouille ici, fouine là et découvre enfin dans une histoire de l'Inde en plusieurs volumes un passage qui est la stricte confirmation des renseignements fournis par le médium. Le cas devenait de plus en plus saisissant, de moins en moins explicable par les méthodes ordinaires. Il était peu probable que le médium eût pris connaissance des volumes de Marlès.

Mais que valait l'historien lui-même? Les Indianistes le tiennent en médiocre estime, suspectent sa science, se défient de son témoignage. Ceci néanmoins subsiste : le médium a connu le détail de faits consignés dans un ouvrage presque introuvable et dont il assure qu'il l'ignorait absolument.

Oui, sans doute; mais l'assurance du médium ne signifie rien. Donc, comme pour la langue elle-même, il a vu nécessairement, à un moment donné, l'ouvrage d'où les faits qu'il rapporte sont tirés.

La méthode ni le raisonnement, on le voit, ne changent pas. Et pourquoi changeraient-ils? Il n'en existe pas de plus commodes ni qui se prêtent mieux à l'explication de ce qui est inexplicable. Il n'y a qu'un défaut à cela. Pour mériter la grande confiance que d'aucuns accordent à leurs conclusions, il aurait fallu qu'ils eussent commencé par se justifier eux-mêmes aux yeux de la raison. C'est ce qui n'a pas été fait, c'est ce qui ne pouvait pas se faire. La plus véhémente méfiance est dès lors parfaitement légitime.

On nous accuse parfois d'arbitraire. Je me demande si l'arbitraire est réellement de notre côté. Les faits rapportés par le médium existent-ils quelque part : il a pu en avoir connaissance par les voies normales. Sont-ils indécouvrables? Ils n'ont rien de réel, le médium a tout puisé dans son subliminal. L'écriture de Marie-Antoinette, incarnée en Mlle Smith, diffère-t-elle de celle de Marie-Antoinette, reine de France : c'est la preuve que la première n'est qu'un vain simulacre, une personnalité secondaire de Mlle Smith. L'écriture obtenue, au contraire, ressemble-t-elle à celle du personnage qui s'en prétend l'auteur — tels les cas du syndic Chaumontet et du curé Burnier — cela est sans conséquence. Car, remarque M. Flournoy, « pourquoi et comment les défunts, revenant au bout d'un demi-siècle signer par la main d'une autre personne en chair et en os, auraient-ils la même écriture que de leur vivant? » Et l'on continue ainsi. Cela est assurément d'une grande virtuosité. Une seule chose surprend : c'est qu'avec une pareille ingéniosité, M. Flournoy n'ait pas réussi à tout expliquer, ait parfois hésité dans ses conclusions. Les difficultés sont-elles donc si grandes, et les probabilités en notre faveur si puissantes? Peut-être bien aussi est-ce un défaut d'avoir, comme dit notre auteur, « le diable au corps pour aller regarder derrière les coulisses de la mémoire et de l'imagination. » On risque, à ce jeu, non pas seulement de négliger, mais d'oublier tout à fait ce qui se passe sur la scène elle-même où se déroule la vraie pièce. Et ce n'est jamais impunément que l'on sacrifie ce qui est essentiel à ce qui est secondaire.

Je sais bien qu'on ajoute, avec conviction, que « quand l'obscurité empêche les psychologues de rien distinguer dans les coulisses, ils ont la marotte de s'imaginer qu'ils finiraient bien par y trouver ce qu'ils cherchent — si seulement on pouvait y faire de la lumière. » Je n'y vois pas d'inconvénient. A une condition, toutefois, c'est qu'il demeure bien entendu que ce qu'on nous propose, c'est un acte de foi, un acte de foi, une espérance, non une certitude scientifique.

Mais en attendant qu'on découvre — car on découvrira peut-être — la lumière spéciale capable d'éclairer les recoins les plus cachés, les plus obscurs, les plus lointains, de la subconscience, nous avons et nous gardons la faiblesse de croire qu'il y a, dans le cycle hindou, plus et mieux que les coulisses de l'imagination et de la mémoire de Mlle Smith. Nous sommes ainsi loin de compte. Et il est bien à craindre, comme le dit encore l'éminent professeur, qu' « entre deux classes de tempéraments aussi disparates, il sera bien difficile d'arriver jamais à une entente satisfaisante et durable. »

Cependant, si nous sommes assurés qu'il y a réellement intervention d'esprit, dans quelques-unes des manifestations qui se rattachent au cycle hindou, nous ne voudrions pas garantir l'authenticité de toutes les vaticinations de Mlle Smith. Qu'il y ait, par exemple, une réelle identité entre M. Flournoy et le prince Syvrouka, entre le médium et la princesse Simandini, ou entre tels autres personnages du présent et du passé : c'est là une question que nous ne nous chargeons pas de résoudre. Chacun en croira ce qui lui semblera bon. Des facteurs divers sont à l'œuvre dans les phénomènes psychiques, ils ont lieu dans des conditions et des milieux qui diffèrent entre eux : faut-il s'étonner si le vrai et le faux, ce qui est évident et ce qui reste douteux, s'y entremêlent constamment. Rejetons ce qui est faux : nous ferons bien. Réservons notre jugement pour ce qui est douteux : rien de mieux.

Mais retenons aussi ce qui offre les caractères de la vérité.

« Il y a, dit M. le D' Gelay, une erreur fondamentale à s'imaginer que tout est entièrement vrai ou entièrement faux. » Qui, voyant les eaux bourbeuses roulées par le Rhône, après sa jonction avec l'Arve, pourrait croire que, dans une autre partie de son cours, le fleuve porte les eaux les plus limpides qui soient? Cela est cependant, et nous le savons bien. Ainsi, dans les manifestations psychiques, il y a des phases troubles et il y a des phases claires; des faits dont nous ne pouvons rien tirer pour le moment, et d'autres qui nous ouvrent des échappées sur la lumière. Nous ne voulons pas les laisser perdre. Nous avons constaté le fait dans le cycle martien, nous le reconstatons ici.

L'effort fait par M. Flournoy pour tout expliquer par les seules méthodes scientifiques est immense. S'il n'a pas réussi, c'est que la chose est impossible. Ils sont trop nombreux les phénomènes qui ne se laissent pas ramener aux proportions de la télépathie, de la suggestion, du subliminal. La nécessité s'impose d'appeler d'autres facteurs à la rescousse. L'invisible se laisse de moins en moins éliminer. On n'y parvient que si l'on étend, au delà de toutes les limites permises, les hypothèses explicatives dont se servent certains savants. Et nous sommes obligés, parfois, nous, les profanes, contre des méthodes et des conclusions trop souvent *a priori*, de réclamer les droits de l'expérience scientifique. On peut être victime, à son insu, de certaines hallucinations, se faire illusion, inconsciemment, sur la valeur réelle des phénomènes observés. Cela arrive aux plus hommes de science.

M. Flournoy, du reste, est, tout au fond, du même avis. Ne reconnait-il pas que, malgré toutes ses explications, « le roman hindou reste une énigme non encore résolue d'une façon satisfaisante, parce qu'il révèle et implique chez Hélène, relativement aux coutumes et aux langues de l'Orient, des connaissances dont il a été impossible de trouver, jusqu'ici, la source certaine? » N'admet-il pas la possibilité d'une erreur dans son interprétation? « Tant pis, d'ailleurs, ou tant mieux, si je me trompe. » Ne déclare-t-il pas que « deux points défient, jusqu'ici, toute explication normale, parce qu'ils dépassent les limites d'un pur jeu d'imagination: les renseignements *historiques* donnés par Léopold et la langue hindoue parlée par Simandini? » N'avoue-t-il pas que « l'idée que le passage en question — de l'histoire de Marlès — a pu parvenir d'une façon ordinaire aux yeux ou aux oreilles de Mlle Smith semble bien un peu extravagante? »

Il est vrai qu'il ajoute que « extravagance pour extravagance, il préfère l'hypothèse qui n'invoque que des possibilités naturelles à celle qui en appelle aux causes occultes ». Il préfère : pure affaire de goût. Et des goûts et des couleurs, on le sait, il ne faut pas disputer. La « différente conformation des cerveaux ou la structure opposée de l'entendement veulent ou nécessitent les façons de penser divergentes qui divisent les hommes entre eux ». Il n'y a pas toujours de leur faute si leurs opinions se contredisent. Ils ne sentent pas de même. Comment porteraient-ils des jugements identiques sur les objets de leurs sensations ou de leurs sentiments? Si l'on était assez sage pour s'en souvenir, l'on se supporterait mieux et l'on s'aimerait davantage.

* *

Il y aurait encore bien à dire sur le beau volume de M. Flournoy. Il faudrait examiner, en détail, le cycle royal, comme nous avons fait, trop hâtivement, des cycles martien et hindou ; s'arrêter sur la partie philosophique, très importante et du plus haut intérêt ; étudier enfin et interpréter quelques cas particuliers cités par l'auteur dans les dernières pages de son livre. Cela nous obligerait, malheureusement, à multiplier le nombre de nos conférences, à nous attarder plus que de raison sur un sujet peut-être un peu spécial. Il faut donc finir. Qu'on me permette seulement quelques réflexions au sujet de Jean le Carrieur, du curé Burnier et du syndic Chaumontet.

Une séance a lieu chez M. Lemaitre, en l'absence de Mme Mirbel. Mlle Smith voit une grande lumière vers la fenêtre du côté du piano. Les assistants sont comme dans un brouillard derrière lequel resplendit le soleil. Le médium sent, en même temps, une forte odeur de soufre. Bientôt s'esquisse, près de la fenêtre, une grande silhouette. C'est un homme auprès duquel sont trois blocs de pierre dont l'un, grand comme le piano, et les deux autres, plus petits, de la grandeur d'un fauteuil. L'homme, qui est grand, plutôt gros, est assis sur l'une des pierres, les pieds appuyés contre une autre et le dos contre la plus grande. Les vêtements sont indistincts. Les cheveux paraissent blonds ou gris, les yeux clairs. Il se tourne du côté de la montagne dont une certaine distance le sépare. Ce doit être le Salève.

Il n'a pas de chapeau, et, de la main droite, montre le pied de la montagne. La table dicte : *C'est moi. C'est Jean... Jean le Carrieur.* Elle reprend peu après : *Dites-lui donc, que depuis peu de temps... j'ai le contentement de pouvoir la voir.*

Il s'agissait de Mme Mirbel. Suivent d'autres détails relatifs à la montagne et à l'aspect sous lequel elle est vue.

Interrogée, trois jours après, Mme Mirbel explique qu'il s'agit d'un certain Jean Bonnet qu'elle a connu, petite fille et jusqu'à l'âge de quinze ou seize ans. C'était un ouvrier de son père qui était carrier et dont le domicile était à Neydens. Il ne portait jamais de chapeau, quelquefois seulement un petit bonnet. Il était grisonnant, avait une haute taille, de larges épaules, une force herculéenne. Il avait voué une affection toute particulière à Mme Mirbel, enfant. On se servait fréquemment de mèches soufrées dans les carrières : de là l'odeur de soufre perçue par Mlle Smith.

Tout est exact dans cette vision. Comment l'expliquer ? M. Lemaître pensait que la télépathie y suffisait, « hasardant l'idée d'une influence éthérique subie par Hélène de la part de Mme Mirbel qui, à l'heure de cette séance, se trouvait passer à un demi-kilomètre de là. M. Flournoy se contente de moins encore. Il admet que le subliminal d'Hélène sous l'une de ses formes, celle d'Esenale, par exemple, a pu pomper, en quelque sorte, dans le subliminal de Mme Mirbel des souvenirs latents qui ne devaient reparaître que dans une séance ultérieure où assisterait

Mme Mirbel. Il estime, d'autre part, que le contenu de la vision a son origine dans les souvenirs personnels de Mme Mirbel, plutôt que dans la mémoire posthume de Jean. Il relève, entre autres, ce détail, l'odeur du soufre, comme l'une des preuves de ce qu'il avance. S'il s'agissait réellement du carrier, venant se communiquer, il aurait conservé, sans doute, le souvenir de l'enfant se rattachant à un parfum ou à une pommade, et non à cette odeur de soufre.

Je ne crois pas beaucoup à une télépathie aussi parfaite, surtout quand elle n'est pas voulue par son auteur, Mme Mirbel dans le cas actuel. Quant à savoir comment Jean le Carrieur aurait dû se présenter en cas d'apparition personnelle, de quelle odeur, parfum, pommade ou soufre, il aurait dû s'accompagner, c'est un soin que je laisse à de plus habiles que moi. Ce qui me paraît évident, c'est que les morts, s'ils reviennent parmi nous, comme je le crois, doivent vouloir par-dessus tout se faire reconnaître, et, pour cela, par tous les moyens à leur disposition, s'entourer de tous les éléments susceptibles de concourir à ce but. Jean le Carrieur agit ainsi. Il se replace dans le milieu qui était le sien, s'entoure des matériaux parmi lesquels il travaillait, fait si bien, en un mot, par la vision, par l'odorat, par ce nom même de Carrieur qu'il se donne, que le doute n'est pas permis quant à son identité. Mais, tandis que M. Flournoy n'aperçoit cette identité que dans le subliminal de Mme Mirbel, je la vois, en ce qui me concerne, dans celui-là même qui se prétend l'auteur de la communication. Il émet son hypothèse, j'émets la mienne. Qui a raison de lui ou de moi ? L'un ni l'autre, nous n'avons point la certitude mathématique.

*
* *

A propos du syndic Chaumontet et du curé Burnier, M. Flournoy dit : « Voici un dernier cas, tout récent, où l'hypothèse spirite et l'hypothèse cryptomnésique subsistent l'une en face de l'autre, immobiles comme deux chiens de faïence se faisant les gros yeux, à propos de signatures données par Mlle Smith en somnambulisme et qui ne manquent pas d'analogie avec les signatures authentiques des personnages défunts dont elles sont censées provenir. »

Dans la séance du 12 Février 1899, chez M. Flournoy, Mlle Smith voit un village situé sur une hauteur couverte de vignes. Dans un chemin pierreux marche un petit vieux, un demi-monsieur, dont elle donne une description détaillée. Un paysan qui le rencontre lui fait des courbettes comme à un personnage important. Ils conversent ensemble en patois. Hélène ne les comprend pas.

La scène change. Le petit vieux, vêtu de blanc, dans un grand espace lumineux, lui paraît s'approcher. Il s'empare de la main du médium et trace lentement d'une écriture inconnue : *Chaumontet, syndic.*

Le village reparaît. Hélène, sur demande, et avec effort, en donne le nom : Chessenaz, qui est inconnu des assistants. Elle apprend encore que le petit vieux était syndic en 1839.

Léopold, qui succède au petit vieux, conseille de chercher dans le village de Chessenaz, qu'on y trouvera certainement le nom de Chaumontet, et qu'on pourra contrôler l'écriture et reconnaître qu'elle est bien celle de cet homme.

Le lendemain, M. Flournoy trouve le nom de Chessenaz sur une carte, non loin du Credo.

Quinze jours plus tard, comme M. Flournoy faisait visite à Mme et Mlle Smith, celle-ci est prise tout à coup d'un accès d'hémisomnambulisme. Elle revoit le village de l'autre jour, et le petit vieux, accompagné cette fois d'un curé, qu'elle appelle, par la voix de Léopold : *Mon cer ami Burnier.* Léopold promet que celui-ci écrira son nom à la prochaine séance. Ce qui eut lieu, avec quelque difficulté. Le curé traça très lentement ces mots : *Burnier, salut !*

Que fallait-il penser de ces incidents? M. Flournoy écrivit à la mairie de Chessenaz. Il y avait eu, effectivement, dans ce village, à la date indiquée, un syndic Chaumontet et un curé Burnier, dont la signature se retrouve sur tous les actes de naissance, mariage, décès. On retrouva même, dans les Archives, un titre revêtu des deux signatures que le maire envoya à M. Flournoy. Il y a une similitude assez remarquable entre ces signatures authentiques et celles automatiquement tracées par la main de Mlle Smith.

M. Flournoy pensa tout d'abord que Hélène avait dû voir, une fois ou l'autre, des actes ou documents signés du curé ou du syndic, et que son subliminal, qui avait conservé les clichés, maintenant les ramenait au jour. Mais Hélène bondit à cette insinuation.

Dans une séance chez M. Lemaitre, autre manifestation du curé. Il vient certifier son identité par une attestation en bonne et due forme. La « calligraphie appliquée est bien celle d'un curé campagnard d'il y a 60 ans, et, à défaut d'autre pièce de comparaison, elle présente une indéniable analogie de main avec l'acquit authentique du mandat de paiement » dont il est parlé plus haut. Hélène n'a aucune idée d'avoir été à Chessenaz. A plus forte raison, nie-t-elle avoir jamais consulté les archives pour y apprendre l'existence d'un syndic Chaumontet et d'un curé Burnier. Elle a cependant un cousin qui habite Frangy, à une lieue de Chessenaz.

Tels sont les faits. M. Flournoy ne les explique pas. Il passe dessus comme chat sur braise, se contentant de quelques observations bien senties sur la facile crédulité des milieux spirites et des médiums d'une part, sur les chercheurs quelque peu sérieux d'autre part. « La moindre chose curieuse, une vision inattendue du passé, des dictées de la table ou du doigt, un accès de somnambulisme, une ressemblance d'écriture, suffisent à donner aux premiers la sensation du contact de l'au delà et à prouver la présence réelle du monde désincarné. Ils ne se demandent jamais quelle proportionnalité il peut bien y avoir entre ces prémisses, si frappantes soient-elles, et cette formidable conclusion. »

C'est que peut-être ils ne trouvent pas la conclusion si formidable, et que s'ils ne sont pas « toujours poursuivis par la sacro-sainte terreur de prendre des vessies pour des lanternes », ils ont, en revanche, ainsi qu'il a déjà été dit, la crainte salutaire de prendre des lanternes pour des vessies. Ils trouvent tout naturel la revenue des désincarnés parmi notre monde, parce qu'ils ont dès longtemps familiarisé leur pensée avec cette idée. Pourquoi, en effet, les morts, s'ils vivent, seraient-ils dans l'impossibilité de se communiquer à ceux qu'ils aiment? C'est le contraire qui serait étonnant. Mais voilà : l'idée est plutôt nouvelle parmi nous. On croyait les morts si sûrement, si solidement parqués au ciel, en purgatoire et en enfer, que la pensée de leur liberté, de la possibilité pour eux d'aller et de venir comme nous allons et venons, de nous apparaître sous une forme quelconque, semble une prodigieuse hérésie. C'est le cas pour tout ce qui vient surprendre et déranger la routine de notre esprit. Quelqu'un qui n'aurait jamais vu un chêne sortir d'un gland trouverait formidable la conclusion d'un si petit fruit au puissant roi des forêts. Mais à nous, qui sommes habitués à cette vue, elle paraît toute simple. Il en sera ainsi de nos idées et des faits sur lesquels elles s'appuient. Combien ne sont-ils pas nombreux déjà ceux qui ont parcouru ce chemin! Combien n'en est-il pas qui le parcourent chaque jour! L'accoutumance est un grand maître. Elle modifie petit à petit nos préjugés, nous amène successivement à de différentes façons de penser et de sentir. Son mode est si doux, elle le fait avec une si graduelle progression que nous ne nous apercevons de la distance parcourue, qu'en reportant nos regards, du point où nous sommes actuellement parvenus, à celui d'où nous étions partis.

Nous sommes donc sans crainte au sujet des conclusions négatives de M. Flournoy. S'il jette parfois un coup d'œil en arrière, et qu'il compare son moi d'il y a quinze ou vingt ans à celui d'aujourd'hui, il y doit apercevoir d'assez notables changements. D'autres les renforceront peut-être, et, qui sait ? En tout cas, s'il conclut négativement quant à ses propres expériences, il laisse les portes grandes ouvertes quant à celles des autres.

Si donc, pour les raisons que nous avons dites, nous refusons de nous associer à ses conclusions, ce nous est un doux devoir de lui dire encore un très cordial merci pour l'œuvre excellente qu'il accomplit. Bien plus que nous tous, il a donné à un grand nombre le frisson de l'invisible. Car, et cela est bien curieux, parmi ceux qu'il croyait, par son admirable livre, détourner de la croyance au spiritisme, plus d'un s'est dit : Si les faits rapportés par M. Flournoy sont vrais — et il n'y a pas de raison d'en douter — il me paraît bien difficile qu'ils s'expliquent tous par ses théories. Le doute est dans leur cœur. Ils réfléchissent, ils cherchent. Le germe d'abord tout petit, grossit. Avec le ferment d'autres faits, avec l'accoutumance qui se prolonge, s'insinue, se fait plus intime, ils ne manqueront pas d'aboutir où nous avons abouti. En sorte qu'elle est vraie, rigoureusement vraie, cette parole du savant professeur par laquelle je termine : « Je reconnais volontiers que jamais les circonstances n'ont été aussi favorables aux spirites qu'à l'heure présente. Le retour authentique de G. Pelham et d'autres défunts par l'intermédiaire de Mrs Piper intrancée semble admis par tant d'observateurs perspicaces et qui n'étaient point jusqu'ici suspects de crédulité ; les phénomènes observés depuis quinze ans chez ce médium incomparable sont à la fois si merveilleux et entourés de si solides garanties scientifiques ; le cas est en un mot tellement inouï et stupéfiant à tous égards, que ceux qui ne le connaissent que de loin, par les rapports imprimés et les récits oraux de témoins immédiats, se sentent en mauvaise posture pour formuler leurs doutes et leurs réserves à ce sujet ([1]). »

([1]) *Des Indes à la Planète Mars*, par Th. Flournoy, p. 395.

LES PHÉNOMÈNES DU SPIRITISME

En parlant de l'œuvre de M. Flournoy, nous avons laissé dans l'ombre, volontairement, un point de la plus haute importance : la parfaite sincérité du médium. Avons-nous eu raison? Avons-nous eu tort? L'avenir répondra peut-être à cette question. En attendant, et pour satisfaire à tous les scrupules, faisons une simple réserve à cet égard. M. Flournoy n'a aucun doute quant à la bonne foi de Mlle Smith. Si celle-ci pourtant avait surpris sa confiance; si elle s'était jouée de lui, en dépit de la finesse de son flair, de la sagacité de son esprit? Certains médiums sont coutumiers du fait, comme en sont coutumiers les sujets hypnotiques et ceux hystériques. La chose est infiniment peu probable, j'en conviens; elle n'est pas impossible.

Un autre cas peut se présenter. Le médium a connu, par les voies les plus normales, les faits dont il prétend qu'ils sont venus à sa connaissance par des voies supranormales. Nous n'en savons rien actuellement : du moins n'en avons-nous que d'insuffisants indices. Mais demain peut éclairer aujourd'hui, des circonstances ignorées projeter leur lumière sur les incertitudes du moment présent. S'il en était ainsi, les interprétations données par nous de quelques-uns des phénomènes que nous avons examinés ensemble, devraient être modifiées en conséquence. Nous ne sommes pas des adversaires irréductibles. Qu'on nous apporte une démonstration claire et précise : nous nous rendrons à l'évidence. — Remarquons seulement que, même dans ce cas, les observations relatives aux théories de l'auteur ne perdraient rien de leur valeur.

Mais nous n'en sommes pas là. L'œuvre subsiste avec ses points d'interrogation et ses problèmes irrésolus.

Admettons, toutefois, par hypothèse, qu'il ne reste rien, absolument rien des manifestations si curieuses, et, sous certains rapports, si saisissantes de Mlle Smith. Cet aboutissement négatif de la longue et pénétrante étude de M. Flournoy mettrait-il le spiritisme en danger ? Pas le moins du monde. Le spiritisme, en effet, est un champ immense où poussent, drues et serrées, les plantes les plus diverses, les fleurs les plus variées. Ce n'est pas en arrachant une de ces plantes, en effeuillant une de ces fleurs qu'on peut espérer endommager sérieusement la puissance de végétation dont elles ne sont qu'une infime fraction. A côté, d'ailleurs, des plantes et des fleurs qui périssent ; sur les débris dont elles encombrent un sol prodigieusement fécond, je vois monter des germinations nouvelles et de nouvelles floraisons. La mort ne détruit pas la vie. C'est la vie, plutôt, qui, incessamment empiète sur l'empire de la mort. Cette affirmation, vraie du monde physique aussi bien que du monde moral, ne s'applique pas avec moins d'exactitude à l'ensemble des phénomènes psychiques. Que l'on multiplie les négations; que l'on diversifie ou que l'on étende les hypothèses explicatives, toujours des faits subsistent qui les débordent. Bien loin même de diminuer en nombre ou en qualité, sous les assauts répétés de la science, ils s'élèvent plutôt victorieusement, plus abondants, plus persuasifs, sur les ruines amoncelées des théories successives qui, les unes après les autres, se sont montrées inférieures au rôle qu'on prétendait leur assigner.

Nous n'essayerons pas de classer ou de catégoriser ces phénomènes. La chose a été faite et bien faite. Ce que nous voudrions brièvement indiquer, ce sont les raisons excellentes, basées sur des faits incontestables, que nous avons de croire à l'action de l'invisible parmi nous.

.*.

Qu'un coup soit frappé à notre porte, cela est une chose toute simple et parfaitement naturelle. Mais si à notre : Entrez, personne ne répond, et si, allant nous-même ouvrir notre porte, personne ne se trouve derrière, déjà la chose devient plus intéressante. Quelque peu ému d'une circonstance, en soi très banale, nous continuons notre examen. Une nouvelle remarque étonne notre curiosité. Pour parvenir jusqu'à la porte où le bruit s'est fait entendre, il aurait fallu en ouvrir et en refermer plusieurs autres. Mais elles sont toutes solidement verrouillées du dedans. Aucune n'a pu livrer passage à qui que ce soit. Le phénomène se complique ; car enfin, un bruit doit avoir une cause. Quelle est-elle dans le cas actuel ? Vous cherchez encore, et, ne découvrant rien, vous finissez par vous dire sans beaucoup de conviction : C'est singulier ; je me suis sans doute trompé.

Mais voici que le lendemain, ou l'un des jours suivants, le facteur vous remet une lettre ou une dépêche. Une personne que vous aimiez est morte. Le moment de sa mort correspond assez exactement à celui du coup frappé à votre porte.

Que signifie cela? Simple coïncidence? Hasard? Si le fait observé par vous était unique en son genre, ou même s'il était très rare, l'explication à la rigueur, serait admissible. Mais il n'en est rien. Les cas où un phénomène perçu dans un lieu semble avoir un rapport direct avec une mort arrivée en un autre, souvent très distant du premier, sont très nombreux, relativement. Le hasard ou la simple coïncidence ne suffisent plus pour en rendre compte. Il y a ainsi des faits très ordinaires qui posent à notre esprit de très hautes questions. Action à distance du mourant, action directe du mort? Il est permis d'hésiter entre les deux alternatives. Mais que l'on s'arrête à l'une ou que l'on préfère l'autre, il demeure que nous sommes portés d'emblée jusqu'au seuil de l'invisible, sinon dans l'invisible lui-même.

* *

Voici un fait rapporté par les « Annales des Sciences psychiques (année 1897, p. 302-309) :

L'événement se passe dans l'Inde. Deux jeunes filles, d'humeur légère et peu scrupuleuse, un jour choisirent le cimetière comme lieu de récréation. Sans respect pour la mort, elles sautèrent et dansèrent sur la tombe d'un homme qui s'était récemment suicidé. Elles firent plus : après avoir creusé la terre au-dessus de la tombe, elles en arrachèrent la croix. Rentrées chez elles, elles se sentirent malades et comme possédées. Il fallut les surveiller et les garder dans la maison. Les jours qui suivirent furent entre tous agités et douloureux. Leurs cheveux étaient épars et en désordre. Elles avaient « de si hideuses expressions de figures que même des hommes craignaient par moments de s'approcher. »

Une femme indigène les délivra de cette possession. Elles furent quelque temps très bien. L'une même se maria. Bientôt après, d'étranges phénomènes se produisirent dans la maison où demeurait l'autre, Miss Floralina. Des pierres étaient jetées du dehors avec force et des verres cassés en mille morceaux. Les pierres, cependant, ne blessaient personne. Plusieurs témoins, dont un policeman, constatèrent le fait. Non seulement les pierres étaient lancées avec une grande force ; il arrivait que des verres se brisaient qu'un objet lancé du dehors n'aurait pu atteindre.

La police s'émut. Comme toujours en pareil cas, on s'imagina que le tout était l'œuvre de quelque sinistre farceur. Des policemen et des voisins se mirent en observation tout autour de la maison. Mais ils eurent beau regarder, rien de suspect ne fut découvert. Ils ne purent accuser personne du méfait dont ils recherchaient — vainement — les auteurs. Les pierres, toutefois, ne discontinuaient pas de tomber à l'intérieur.

Une autre fois, plusieurs chefs constables accompagnés de leurs subordonnés, et de quelques voisins, se trouvant dans l'intérieur de la maison, virent des pierres jetées contre les verres, mais aussi des verres qui tombaient d'eux-mêmes, spontanément. Cela excita leurs soupçons. La coupable ne serait-ce pas miss Floralina? Ils la surveillèrent, sans d'ailleurs rien trouver.

A ces phénomènes en succédèrent d'autres. Miss Floralina eut des évanouissements et de terribles crises d'agitation. Un jour, elle expliqua, en présence de nombreux assistants : « Comme les ombres du soir tombent, je sens une sensation de froid dans tout le corps, et mes cheveux se hérissent; je me sens tout étrange. » Ce même jour « des pluies de pierres tombèrent qui réduisirent en atomes toutes les vitres des croisées. »

Dans l'une des crises de Miss Floralina, tandis que plusieurs hommes avaient de la peine à la maintenir sur son lit, « une grande glace de la porte de la chambre tomba à terre et se brisa au point d'être presque réduite en poussière. » Or, cette glace ne faisait pas face à la rue, mais se trouvait au centre d'une chambre qui était elle-même la chambre centrale de la maison.

On avait appelé un Malayali pour chasser les

démons. Tandis qu'on l'attendait, le livre de prière de Miss Floralina « qui était dans un tiroir de sa commode, dans une chambre adjacente, vint, en volant à travers le carreau qui avait été brisé quelques minutes auparavant, et tomba près de sa main droite. » Peu après, elle voulut sortir pour voir, prétendait-elle, « deux femmes sans tête », dont elle eut la vision à plusieurs reprises.

Je passe plus d'un détail. Après la scène d'exorcisme, les phénomènes, sans cesser complètement, se firent plus rares et moins intenses. Cependant, le seul carreau qui restait dans la croisée, éclata et tomba par terre.

Dans une occasion ultérieure, en présence de plusieurs personnes, « un gros pavé vola dans la chambre, puis un verre se brisa seul, sans le choc d'aucune pierre. » Enfin, dit le narrateur, un jour encore, « le dégât des carreaux brisés fut quelque chose d'énorme. »

Le père de Miss Floralina, prévenu de ce qui se passait, vint chercher sa fille. La dame chez qui elle logeait ayant à son tour quitté la maison, les phénomènes prirent fin.

Celui qui raconte — et son témoignage est corroboré par deux autres — ces choses dit : « Je n'ai pas le moins du monde exagéré les faits, je les ai racontés tels qu'ils se sont produits.

La maison présente une apparence désolée et se trouve dans un état de ruine complet. La nuit venue, les gens ont peur de passer devant. » (Tiré du *Madras Times*, du 7 mai.)

J'ai cité ce fait. J'en pourrais citer bien d'autres, identiques dans le fond, variables dans la forme. Que signifient-ils? Sont-ils réels ou purement imaginaires? Ont-ils un objet en dehors d'eux, ou leur existence se réduit-elle à une création strictement hallucinatoire? Y a-t-il à leur origine quelque auto-suggestion qui, de proche en proche, se serait transmise — telle une contagion — du sujet aux personnes venues en contact avec lui?

Une première observation s'impose dans le cas actuel. Les phénomènes sont nés immédiatement après une visite au cimetière. Si tout s'était borné à des crises organiques, l'auto-suggestion serait à la rigueur une explication suffisante. Mais, outre les possessions, il y a les pierres jetées, les vitres brisées, les verres qui tombent. Quel rapport établir entre des faits d'ordre matériel et l'auto-suggestion? A défaut de celle-ci, parlerons-nous d'une surabondance d'électricité, mise en liberté par les crises? Dirons-nous que cette électricité, inconsciemment dirigée par le sujet, était capable de ramasser des pierres et de s'en faire des armes? Qu'intelligente et douée de volition, elle savait choisir son but : frapper les choses, éviter les personnes ? Ce seraient les fameuses « lignes de force » de Hartmann. L'explication, fût-elle adéquate dans le cas de Miss Floralina, ne le serait pas dans tant d'autres cas analogues. Il y a dans la grande enquête anglaise sur les *fantômes des vivants* — et autres phénomènes connexes — un certain nombre de « hantises » qui supposent et impliquent autre chose. Je ne vois pas, par exemple, la possibilité d'expliquer, par de simples *lignes de force*, les impressions de terreur éprouvées par les animaux, les chiens tout particulièrement, dans ce qu'on pourrait appeler la période d'incubation des phénomènes ([1]). Ils en devinaient l'approche, ils en avaient la vision ou le sentiment bien avant toute manifestation tangible. L'hypothèse de l'auto-suggestion tombe. Il en est de même des lignes de force. Impossible d'éviter les causes occultes.

Mais, dit-on, leur action est bizarre, inintelligible pour nous, grotesque ou même stupide. Pour nous, c'est possible. Pour elles, qui sait ? Qui sait même si elles se préoccupent de nous, ou pensent à nous ? Nous avons le sot orgueil de tout rapporter à nos personnes. Il ne nous vien-

---

([1]) Voir *Essai de Spiritisme scientifique*, par Daniel Metzger.

drait pas à l'idée que les choses puissent exister par et pour elles-mêmes. Et, parce que, de notre point de vue, elles sont, ou fortuites, ou capricieuses, menues, isolées, sans portée apparente ni intérêt immédiat, nous concluons qu'elles sont telles en elles-mêmes. C'est une grave erreur. Pour en juger justement, il faudrait les connaître en leurs causes précises, dans leur enchaînement avec d'autres. Or, là est notre ignorance.

L'éclair qui, sinistre et terrifiant, déchire la nue, nous est visible. Il n'y paraît pas à notre intention. Le tonnerre qui éclate, formidable, peut ébranler nos nerfs. Ce n'est pas en vue de cet ébranlement qu'il remplit l'espace de ses grondements sonores. De même pour une foule d'autres phénomènes, qui n'ont pas lieu pour que nous les voyons, les entendions ou les sentions. Nous les voyons, nous les entendons, nous les sentons, parce qu'ils ont lieu. Cela est très différent.

J'imagine que si des êtres intelligents, de quelque point de l'espace, observent nos faits et gestes, ils doivent faire souvent à leur sujet des remarques dont nous n'aurions pas lieu d'être particulièrement fiers. Et, sans doute, en raisonnant sur des apparences, auraient-ils tort. Les actions sur lesquelles porteraient leurs jugements, n'ont toute leur valeur, toute leur signification que par rapport à nous. Nous les réalisons pour notre satisfaction ou nos besoins personnels, non pas pour une galerie hypothétique. Elles ont pour nous un sens clair et net. Elles peuvent n'en pas avoir pour les spectateurs du dehors. Les choses ne doivent pas être jugées sur les relations qu'elles ont ou n'ont pas avec nous, mais en et pour elles-mêmes.

Il reste alors ceci : un fait suppose une cause ; un fait intelligent, une cause intelligente. Bien des difficultés se résoudront ainsi. Dans le cas qui nous occupe; dans beaucoup d'autres qui lui sont plus ou moins semblables, nous sommes entraînés à postuler l'intervention du monde invisible, intervention dont nous sommes parfois les objets, mais qui, plus souvent peut-être, nous ignore.

.*.

Les expériences de M. le Dr Dariex, de Paris, sont du même ordre. Sa bonne lui ayant affirmé, à plusieurs reprises, avoir entendu dans la nuit « des bruits de pas, étouffés comme par un tapis, et des petits coups, paraissant frappés sur les meubles, » il résolut de tenter quelques essais pour obtenir, si possible, des faits qu'il pût lui-même exactement contrôler. Dans son cabinet de travail, fermé soit au loquet, soit à clef, la porte scellée — clef et sceau restant dans sa poche — des chaises furent renversées dans la nuit, personne ne s'y trouvant. Non content de constater lui-même le fait, il le fit constater à d'autres. En présence de cinq de ses amis, toutes les portes et fenêtres furent fermées et scellées, chaque sceau examiné quant à sa forme et ses bavures. Il était impossible d'entrer dans la chambre sans effraction, impossible d'enlever les sceaux et de les replacer sans que la chose fût aussitôt remarquée.

Dans ces conditions rigoureuses, des chaises, debout la veille, furent le matin trouvées renversées. La bonne, parfois, entendait le bruit de la chaise qui tombait. D'autres fois, elle n'entendait rien ou percevait comme des coups frappés dans le panneau ou sur les meubles.

Voici comment les amis de M. Dariex apprécient et certifient les expériences : « Nous sommes amenés à conclure que, pendant la nuit, à deux reprises, dans l'espace de dix jours, au milieu d'une chambre parfaitement close et sans qu'aucun être vivant ait pu s'y introduire, des chaises ont été renversées, contrairement à notre attente et à nos prévisions; que cette manifestation d'une force en apparence mystérieuse, se produisant en dehors des conditions habituelles, ne nous paraît pas reconnaître une explication ordinaire, et que, sans vouloir préjuger en rien de la nature intime de cette force, et tirer des conclusions positives, nous inclinons à penser qu'il s'agit de phénomènes d'ordre psychique, analogues à ceux qui ont été décrits et contrôlés par un certain nombre d'observateurs » (p. 193, *Annales des Sciences psychiques*, 1892).

Des chaises qui se renversent, ce n'est pas une affaire, dira-t-on. Nous en tombons d'accord. Cependant, si personne n'a pu entrer dans la chambre où on les retrouve couchées ni les atteindre du dehors? Il n'est pas dans l'habitude des chaises de se livrer d'elles-mêmes à de folles cabrioles dans le silence des nuits. Pour qu'elles changent de place ou de position, il faut qu'elles y soient sollicitées, incitées par quelque chose qui n'est pas en elles. D'où vient et quelle est cette sollicitation? La médiumnité de la bonne? Peut-être. En tenant compte, toutefois, des circonstances accessoires, comme les pas assourdis que la bonne a entendus à plusieurs reprises dans le cabinet soigneusement fermé, les petits coups frappés sur les meubles, ou les coups violents frappés dans le panneau, on pensera sans doute que la distance est trop grande entre les faits observés et leur cause présumée. Malgré la vulgarité apparente du phénomène, on y voudra voir une intelligence qui comprend, une volonté qui exécute, en un mot un être indépendant du médium. La manifestation est une chose, l'explication en est une autre. Celle-ci est plus subjective, celle-là plus objective. Les conclusions changent nécessairement avec les sujets qui les formulent.

Retenons en tout cas ceci : les faits dont il s'agit ne prêtent à aucune critique sérieuse. La science la plus difficile n'y trouve rien à reprendre. C'est plus que beaucoup dans un département où l'observation et l'expérimentation sont loin d'être toujours aisées.

Un autre point mérite d'être noté en passant : c'est l'entière spontanéité des phénomènes. Ils n'ont pas été voulus par les expérimentateurs, ils se sont offerts d'eux-mêmes. On n'a eu que la peine de les constater avec toute la rigueur désirable.

Cette parfaite spontanéité, d'ailleurs, n'est pas propre aux seuls faits d'ordre physique comme ceux que nous venons de relater. Elle appartient également aux maisons hantées dont les exemples sont beaucoup plus fréquents qu'on ne pense. Les apparitions qui s'y font voir, leurs allées et leurs venues, les actes, presque toujours les mêmes, qu'ils accomplissent, comme machinalement, peuvent bien nous paraître dénués de sens. Mais, ainsi qu'il a été dit, les formes qui se manifestent dans ces conditions étranges, semblent ne guère se soucier de nous qui les regardons agir. Elles ont un but qui nous échappe, et peut-être obéissent-elles à une loi que nous ignorons. Deux choses demeurent : les faits qui sont là, indéniables ; l'impuissance de la science à en rendre compte d'une manière satisfaisante.

La spontanéité des manifestations n'est pas sans avoir son importance. Elle est la meilleure réponse possible à ceux qui voudraient interdire à l'homme l'étude des mystères de l'âme et de ses destinées après la mort du corps. C'est de leur propre chef que les phénomènes se sont imposés à nous. Notre volonté ou notre désir d'en prendre une connaissance plus intime ne vient qu'en second lieu. On n'a songé à les provoquer qu'après qu'ils se furent d'eux-mêmes offerts à notre curiosité.

Les uns et les autres, au reste, sont en nombre incalculable. Ils forment une gradation, une échelle ascendante qui va des simples coups frappés dans ou par la table, aux plus hautes manifestations spirituelles. Leur valeur est inégale, comme est différente leur forme. Mais il n'est pas un ordre de ces faits, pas une catégorie qui n'offre à l'observateur diligent des sujets d'études de la plus grande importance. Par la table, quoi qu'on pense ; par l'écriture médianimique ; par la vision et l'audition spirituelle ; par l'inspiration comme par l'incarnation ; par les matérialisations totales ou partielles ; par la photographie des formes apparues ; par les moules conservés de ces mêmes formes ; par quantité d'autres expériences, non moins étranges et non moins convaincantes, des perspectives nous sont ouvertes sur la vie de l'âme dont on ne soupçonnait pas, autrefois, la possibilité. Car, ainsi que nous l'avons dit et répété, toutes les explications scientifiques ou psychologiques épuisées, toutes les fraudes mises à part, il reste un stock de faits irréductibles pour lesquels, qu'on le veuille ou non, il faut, de toute nécessité, recourir à de nouvelles hypothèses. Une seule jusqu'ici répond à toutes les exigences : c'est la nôtre, c'est celle du spiritisme.

L'âme ne survit pas seulement à la mort du corps. Lui rejeté, lui dissocié, tous les liens, toutes les communications ne sont pas rompues d'elle à nous. C'est la grande nouvelle qui a retenti dans le monde, il y a quelque cinquante ans. On n'a pas voulu l'entendre. Que de gens, dans l'Eglise, parmi les savants, chez les fanatiques et les ignorants, jusqu'aux sceptiques eux-mêmes, ne se sont-ils pas donné la tâche de l'étouffer dans son berceau ! Elle a bravé tous les assauts, résisté à tous les coups, repoussé toutes les attaques. Sa marche envahissante a été telle que l'Eglise est entamée; que la science hésite, incertaine et presque vaincue; que les ignorants et les fanatiques cèdent; que les sceptiques, enfin, doutent de leur scepticisme.

Si nous nous réjouissons d'une si belle victoire, ce n'est pas seulement, ce n'est pas surtout, parce que ces idées sont les nôtres; elles nous semblent une des faces de la vérité. La science elle-même y trouve son compte. Ce sont de nouveaux domaines à explorer, de nouvelles découvertes à ajouter à celles qu'elle a faites dans le monde de la matière. L'homme se connait mieux, sa vue s'étend plus loin sur sa vie totale. Son présent lui est plus clair, son passé plus certain, son avenir moins enveloppé de ténèbres. D'autre part, d'immenses consolations s'ouvrent aux cœurs affligés. Ceux que nous pleurons ne sont pas perdus pour nous. Les chaînes d'amour ne se rompent jamais complètement.

Mais ce n'est pas le moment de philosopher. Nous y viendrons plus tard. Tenons-nous en aux faits.

.*.

Non pas que je veuille faire défiler devant vous l'interminable série de ceux qui se trouvent éparpillés dans de nombreux ouvrages spéciaux : nous n'en finirions pas. Nous préférons dire, limités comme nous le sommes, quelques mots de la médiumnité de Mistress Piper.

Mistress Piper est médium depuis de longues années. Mais, prudente autant que bien douée, elle ne court pas de groupe en groupe, ni ne se livre pas à tort et à travers à toutes les influences. Elle ne s'enferme pas davantage dans sa tour d'ivoire. A ceux qui le lui demandent, elle accorde des séances suivies dans des conditions excellentes. L'étude attentive de son cas est rendue par là relativement facile. Aussi des résultats extrêmement sérieux ont-ils été obtenus. Parmi ceux, je parle des plus éminents, qui l'ont observée, plus d'un qui ne croyait pas aboutir à de si nettes conclusions, s'est rendu à l'évidence, affirmant catégoriquement la réalité effective des communications entre les vivants et les morts.

Il y a des récalcitrants aussi. Les tenants de la psychologie sont là qui s'ingénient à tout expliquer par les facultés psychiques du médium. S'il voit des choses qui sont absolument, qui sont nécessairement ignorées des expérimentateurs, la télépathie, la vue à distance, la clairvoyance somnambulique, rendent compte de tout, à leur sens. S'il sait des pensées, s'il découvre des volontés qui ne sont pas dans les assistants, mais que connaissent des personnes absentes, c'est qu'il lit dans le cerveau de ces personnes, comme en un livre ouvert. Rien de si extraordinaire qui ne s'explique très naturellement par les facultés subliminales. Ne rappelez pas aux psychologues que les idées ne sont pas dans le cerveau ; qu'il n'y a pas, qu'il ne peut pas y avoir de rapport de causalité entre un organe matériel et une idée, entre une vibration éthérique et une pensée, entre un sentiment et une modification viscérale. Ils savent de reste que ces choses sont disparates et contradictoires ; que les unes appartiennent au monde physique et les autres au monde métaphysique. Ils vous répondraient, en outre, que la psychologie est une chose et le spiritisme une autre ; que les distinctions qui valent dans le premier cas ne valent pas dans le dernier. La théorie de la séparation des deux mondes, leur parallélisme disparaît. Il se produit une fusion, je ne veux pas dire une confusion entre eux.

Tels savants résistent donc, très sincèrement, à la conviction qui entraine tels autres. Ont-ils raison? Il y a dans la médiumnité de Mrs Piper un certain nombre d'observations qui ne paraissent pas avoir frappé, autant qu'il aurait fallu, les observateurs. Si, comme d'aucuns l'assurent, la télépathie et les autres formes du subliminal sont seules en cause dans les phénomènes ; si les morts ne sont pour rien dans les communications qui prétendent avoir leur source en eux; si c'est en l'un quelconque des vivants que le médium découvre les révélations qu'il nous apporte : en ce cas, le décès de l'un ou de l'autre de ceux qui expérimentent avec lui, ne doit avoir aucune action sur ses facultés. Tout au plus, y perdra-t-il la lecture de ce qui était inscrit dans la mémoire, le cerveau ou le subliminal du défunt. Quant à la médiumnité elle-même, elle sera après ce qu'elle était avant, n'ayant pu être modifiée ni en bien ni en mal par un accident qui ne lui est de rien.

Théoriquement, et du point de vue des psychologues, les choses *devraient* se passer ainsi. En réalité, il en va tout autrement. Les facultés médianimiques de Mrs Piper prennent soudain un essor nouveau, presque immédiatement après la mort de G. Pelham. Celui-ci, qui était de longue date lié avec M. Hodgson, ne croyait guère à la vie spirituelle. Comme elle avait fait, toutefois, plus d'une fois le sujet de leurs conversations, ils s'étaient solennellement promis que celui qui mourrait le premier ferait le possible et l'impossible pour apporter à son ami les preuves de la survivance de l'âme, supposé que l'âme survécût et fût capable de communiquer avec les vivants de la terre.

M. Hodgson, le plus persévérant des observateurs de Mrs Piper, eut plusieurs séances avec elle dans les jours qui suivirent la mort de son ami. Son esprit était très fortement tendu vers celui qu'il avait perdu. Il désirait, il attendait une manifestation de sa part. Le médium ne sut rien lire dans sa pensée. C'est quelques semaines plus tard seulement que le nom de G. Pelham fut enfin prononcé. Il s'annonce, il se fait reconnaitre. Les détails qu'il donne, les renseignements qu'il fournit sont de telle nature que le doute ne semble guère possible. C'est bien lui, lui personnellement qui se communique. Parmi les choses dites, plusieurs, de réelle importance, étaient ignorées de M. Hodgson. Informations prises, elles se trouvèrent exactes.

Comment expliquer le changement survenu dans la médiumnité de Mrs Piper, dès l'apparition de G. Pelham? Le cerveau de M. Hodgson n'a pas changé, ni son subliminal non plus. Les choses qui étaient dans l'un et dans l'autre y sont encore. Rien de plus, rien de moins. Mais qu'y faire? Ce qui, psychologiquement, ne *devait* pas être *est*. La médiumnité a grandi. Sa transformation, qui a été absolument subite, dépasse toutes les espérances. Sur un point : celui qui est en relation avec G. Pelham. On amène à Mrs Piper les parents, les amis, de simples connaissances de celui-ci. Il les reçoit, il les reconnaît, il leur parle, comme il aurait fait s'il avait été là en chair et en os. Les distances sont très nettement marquées. Chacun a la place qui convient. Les parents ne sont pas traités comme les amis, ni les amis comme les indifférents.

Un exemple typique est celui-ci : Parmi les personnes qui se présentèrent chez Mrs Piper, sans qu'elle sût qui elles étaient, se trouvait une jeune fille que G. Pelham avait connue enfant, mais qu'il avait perdue de vue depuis des années. D'enfant, elle était devenue jeune fille. Il ne la reconnut pas. S'il ne s'agissait que de la simple lecture du médium dans le subliminal ou dans le cerveau de ses visiteurs, où étaient enregistrés les souvenirs du mort, cette lacune serait incompréhensible. Elle se comprend très bien, au contraire, elle est toute naturelle, considérée, non par rapport au médium, mais par rapport à G. Pelham. Une très brève indication fit revivre, comme en un éclair, toute la mémoire du défunt. Il put rappeler à son interlocutrice les détails les plus précis, les faits les plus menus et les plus intimes de leurs relations d'antan. La scène n'aurait pas été différente si la reconnaissance avait eu lieu dans le monde, du vivant de G. Pelham.

Le cas de G. Pelham n'est pas le seul qui soit inexplicable par la psychologie dans la médiumnité de Mrs Piper. On pensa un jour à évoquer Stainton Moses qui avait été un excellent médium et un expérimentateur spiritualiste très sérieux. La communication fut pénible et très confuse. Il ne fallut rien moins que l'intervention de G. Pelham, servant de truchement, pour obtenir quelque chose de satisfaisant. Après Stainton Moses, on s'adressa à ses anciens contrôles. Ils répondirent à l'appel, et, ayant bien considéré l'état du médium, déclarèrent qu'il était de toute urgence de refaire son organisme détraqué, des résultats vraiment supérieurs n'étant possibles qu'à cette condition. On suivit leurs conseils. Une nouvelle phase de médiumnité se déclara. Les expériences devenaient de plus en plus probantes.

***

Ce n'est pas tout. M. Hodgson, à plusieurs reprises, évoqua des amis qu'il avait bien connus et aimés, dont le souvenir, par conséquent, était clair et net dans sa conscience, dans sa sous-conscience aussi, sans doute. Avec Mrs Piper, lisant dans sa pensée, la communication aurait dû être excellente, en proportion de l'exactitude et de la netteté de sa double mémoire : consciente et subliminale. Elle fut trouble, cependant, dans quelques cas. Et lesquels? Dans ceux-là précisément dont les communicateurs présumés, quelque temps avant leur mort, avaient souffert de troubles cérébraux ; dans ceux-là aussi qui, las de la vie, y avaient mis un terme par le suicide.

Ici encore, le trouble ne s'explique pas du point de vue psychologique, le médium puisant dans l'expérimentateur lui-même le contenu de ses messages. Il devient très plausible, si l'on admet que les communicateurs sont bien réellement ce qu'ils prétendent être : des morts survivant à la destruction du corps et revenant parmi nous. Ayant l'esprit dérangé avant de franchir le grand abime, la lumière ne se fait pas tout d'un coup en eux. Ils ne subissent pas cette métamorphose magique que d'aucuns s'imaginent être la suite immédiate et nécessaire de l'entrée dans la vie d'outre-tombe. Leur transformation est lente et progressive. Ils ne reviennent que successivement à la pleine possession d'eux-mêmes. Cela est logique et conforme à la nature des choses.

Autant en dirons-nous de ceux qui se sont suicidés. La violence qu'ils se sont faite, le crime par lequel ils ont mis fin à leur existence terrestre, devaient les jeter dans la situation pleine d'obscurité qui se remarque en leurs communications. Il n'y aurait aucune raison, par contre, à la confusion et au désordre de leurs messages au cas où ils auraient leur source dans les expérimenlateurs. Tout en ceux-ci est normal, leur état d'esprit est excellent. Le médium ne saurait rien découvrir chez eux qui justifiât l'incorrection, les hésitations, les inexactitudes de ses dires. La chose est d'autant plus digne de remarque que ces observations ne conviennent qu'aux seuls cas où l'intelligence des morts avait subi de graves atteintes avant la désincarnation, et à ceux de mort volontaire.

On voit comment, sans même faire directement intervenir le contenu des messages, on est amené, par une réflexion sérieuse, à la conclusion nécessaire de l'action des invisibles dans les expériences psychiques.

.*.

Si M. Hodgson a obtenu, par l'intermédiaire de Mrs Piper, des faits qui l'ont convaincu de l'action des *esprits*, d'autres savants qui ont, comme lui, sérieusement expérimenté avec elle, ont conclu dans le même sens affirmatif. Le dernier en date est le Dr James Hervey Hyslop. Très sceptique, d'abord, il en est venu, après une double série d'expériences, à affirmer, à son tour, sa croyance à la survivance de l'âme, à son intervention dans les affaires de notre monde. C'est M. Hodgson qui règle l'ordre des séances. On cache au médium tout ce qui pourrait trahir l'identité des *sitters*. On veut par là éviter, dans la mesure du possible, toute suggestion étrangère, toute télépathie proprement dite. On se met d'accord sur le mode des expériences avec les communicateurs eux-mêmes de l'au delà, le médium étant entrancé. Les questions sont toutes écrites et numérotées, les réponses de même, afin que le compte rendu soit à la fois très exact et très complet. Pour plus de sûreté, le Dr Hyslop se couvrait la figure d'un masque, contrefaisait sa voix, ne touchait jamais Mrs Piper.

Les réunions furent au nombre de 17. Ce qu'il voulait par-dessus tout, c'était constater l'identité des communicateurs. Pour cela, point n'est besoin de faits extraordinaires ou d'apparence singulière. Les incidents les plus triviaux y peuvent suffire. M. Hyslop fait même cette observation assez inattendue — après enquête expresse — que si l'on demande à des vivants de la terre, comment ils s'y prendraient pour prouver qu'ils sont bien eux-mêmes, ils conviennent qu'ils auraient recours aux événements les plus futiles, aux faits les moins connus de leur vie.

Les séances ne réussirent pas toutes également bien. Cependant, bien des renseignements furent donnés que le docteur lui-même ignorait, mais qui, vérification faite, se trouvèrent justes. Ce n'était donc pas la suggestion ni la lecture de la pensée qui agissaient. Pour exclure plus sûrement encore ces deux agents, M. Hyslop chargea le Dr Hodgson de le suppléer dans cinq des séances, pour lesquelles il lui envoya, par la poste, les questions à poser. Dans ces conditions, de nombreuses réponses exactes furent enregistrées de la part des intelligences évoquées et interrogées, des preuves indéniables fournies de l'intervention des esprits de nos morts dans nos affaires. En somme, sur un total de 152 faits, 16 seulement se sont trouvés faux, 37 indéterminés, 99 strictement vrais. Encore, parmi ceux qualifiés de faux et d'indéterminés, plusieurs auraient-ils pu être joints à ces derniers. Mais l'auteur a voulu être très sévère. N'ayant rien accordé à la fantaisie, ses conclusions présentent d'autant plus de garanties. L'on peut le suivre quand il affirme que ce sont bien ceux qui assurent se communiquer qui se communiquent effectivement.

*
* *

On ne saurait trop insister sur ceci : Plus on étudie de près la question du psychisme, et plus, en général, on se rapproche de l'explication spirite. On commence, et l'on fait bien, par faire le tour de toutes les explications dites scientifiques. C'est de la simple sagesse. Le recours à l'occulte ne se justifie qu'après avoir épuisé toutes les autres possibilités. Il semble parfois qu'on puisse s'en passer. Mais bientôt, les choses regardées de plus près, on s'aperçoit qu'il est des manifestations qui débordent les limites où l'on pensait les enfermer. Tout est à recommencer. Après avoir tourné et retourné, dans tous les sens, tant les faits que les théories, on est enfin amené à rendre hommage à la vérité. On reconnait que le plus simple et le plus probable, c'est encore l'explication, si souvent ridiculisée, du spiritisme.

Vraiment, il faut que les phénomènes soient bien puissants et possèdent en eux une grande force de persuasion, pour que, ainsi que nous l'avons vu, tant d'adversaires successifs et considérables se soient laissés induire à les accepter; à les accepter, comme faits d'abord, pour adhérer ensuite aux théories qui nous servent pour les expliquer.

Une étude bien curieuse serait celle, précisément, des hommes qui, soit dans la science, soit dans la philosophie, soit dans la littérature, soit dans le professorat ou ailleurs, ont, cédant à la force de la vérité, reconnu le spiritisme dans ses grandes lignes, comme l'expression la plus haute et la plus adéquate des phénomènes observés. On les suivrait dans leur développement progressif. On dirait leur point de départ, leurs stations intermédiaires, leur point d'arrivée. Le mouvement de leur pensée ; la force de résistance qu'elle offre à ces intruses que sont les idées nouvelles ; les modifications qui, graduellement, s'opèrent dans l'esprit et le cœur ; l'étonnement qu'ils éprouvent à se sentir si différents de ce qu'ils étaient, si loin du but qu'ils s'étaient proposé ; la décision finale, enfin, à laquelle ils s'arrêtent, rejetant une fois pour toutes le passé sur lequel ils avaient jusque-là vécu, et donnant leur pleine adhésion à une doctrine nouvelle : toutes ces choses, bien d'autres encore, qui sont la vie d'une âme qui se cherche, seraient d'un intérêt psychologique de tout premier ordre.

Mais l'étude des hommes ne suffirait pas. Il faudrait pousser l'investigation plus loin, des faits remonter aux causes. L'on se rendrait mieux compte alors que, tantôt les manifestations extérieures, tantôt la philosophie interne, ont servi d'amorce à ces transformations lentes, successives, irrésistibles. Un phénomène observé, une règle de conduite, un mot qui frappe et qui réveille la conscience : il n'en faut pas plus, souvent, pour contrebalancer, pour annihiler tout le fruit d'une longue éducation. Toute semence vaut ce que vaut le terrain sur lequel elle tombe. De là, ces diversités qui nous étonnent. L'un est pris par une chose, l'autre par une autre. Pour qu'une manifestation extérieure, pour qu'une doctrine réalisent tous leurs effets, il est nécessaire qu'elles trouvent des esprits bien préparés. Les résultats ne sont pas identiques d'un homme à l'autre. Ils changent, pour le même homme, d'une phase à l'autre de sa vie. Les mêmes événements, les mêmes impressions agissent diversement, suivant les dispositions sous l'empire desquelles nous sommes à un moment donné.

Il faudrait enfin, et c'est un troisième point, étudier les faits et les théories en eux-mêmes, indépendamment de leur action sur les hommes ; voir si le rapport est toujours exact de celle-ci à ceux-là ; s'il y a ou non proportion des premiers à la dernière.

On serait bien surpris d'assister au long défilé de la multitude de ceux qui, poètes, prosateurs, penseurs et philosophes : Victor Hugo, Vaquerie, Sophie Gay, Louis Blanc, Dumas, Perrin *et tutti quanti* ont osé affronter le ridicule qui s'attache encore à cette nouveauté, vieille comme le monde. On le serait davantage en voyant de très nombreux savants, des savants de tout premier ordre, emboîter le pas aux littérateurs, des rêveurs après tout, des hommes d'imagination exubérante et un peu folle : Colonel de Rochas, Flammarion, Richet, Crookes, Wallace, Varley, Zöllner, Aksakoff, Bouttleroff, Fechner, Weber, Lodge, Hodgson, Myers, Lombroso, et des centaines d'autres qui, tous, ont plus ou moins mordu à l'occulte. Nous ne sommes ni si seuls ni si abandonnés qu'on voudrait le faire croire. Ceux qui nous suivent ou nous accompagnent n'importent pas seulement par le nombre, ils s'imposent aussi par la qualité. Nous sommes vraiment entourés d'une grande nuée de témoins, d'une nuée de grands témoins. Bien loin de diminuer ou de se fondre au vent de l'adversité, elle va se grossissant et s'épaississant sans cesse. Les derniers venus ne sont pas les moindres. La plupart de ceux qui ont voulu, sérieusement, se rendre compte des faits ont trouvé leur chemin de Damas. Presque tous en viennent à affirmer les phénomènes supranormaux. Ce qui n'est pas moins frappant, c'est la fermeté de conviction de ceux qui les ont une fois admis. Rarement reviennent-ils en arrière, brûlant ce qu'ils avaient adoré, adorant ce qu'ils avaient brûlé. Cette fidélité, cette persistance dans l'affirmation est elle-même une preuve de grande valeur en faveur de la réelle authenticité des manifestations sur lesquelles elle se fonde.

*
* *

S'il est important de noter les hommes qui se convertissent à des faits et à des théories nouvelles, les théories elles-mêmes et les faits ne doivent pas être négligés ; ils valent d'être examinés en et pour eux-mêmes. Nous assistons alors à cette immense série, encore un peu mêlée et confuse, des phénomènes psychiques. Les énumérer tous serait bien long ; les examiner dans leurs détails, proprement impossible. Qu'on se rappelle seulement les expériences de table, qui ne sont ni si anodines, ni si simplettes qu'on aime à l'imaginer. Il y a les coups qui résonnent comme frappés dans l'intérieur même du bois ; il y a ceux qu'elle frappe avec l'un ou l'autre de ses pieds. A côté de l'effet physique viennent se placer les renseignements fournis qui, s'ils se peuvent expliquer en bien des cas par l'action de la subconscience, en d'autres impliquent une intervention étrangère : l'esprit.

Il y a, après la table, les diverses sortes d'écriture automatique, disons médianimique. Il y a l'audition et la vision spirituelles, la clairvoyance, les rêves prémonitoires, les pressentiments, la prévision de l'avenir. Ajoutons la seconde vue, les apparitions sous toutes leurs formes et dans toutes les conditions, qui tantôt sont vues, tantôt entendues, tantôt senties. Notons les matérialisations, partielles ou totales, qui, pour un moment, font revivre devant nous, dans un corps tangible, ceux que nous avons perdus. Ce n'est pas tout. Ces formes transitoires se laissent photographier, moulent leurs membres : mains, bras ou pieds, leur tête même, dans de la paraffine, pour laisser aux observateurs une preuve sensible et permanente de leur passage parmi nous. Nous avons encore les apports, objets venus du dehors, nous ne savons comment, et pénétrant dans une pièce, toutes portes et fenêtres bien closes ; la lévitation, ou le soulèvement de corps humains et d'objets inertes, sans le contact d'aucun être, vivant actuellement de la vie terrestre ; le jeu d'instruments de musique qu'aucune main ne touche ; les maisons hantées et tous les phénomènes qui les accompagnent. Ce n'est pas une richesse de manifestations, c'en est une profusion, une profusion telle que leur abondance devient un embarras. Et, veuillez le remarquer, la plupart des phénomènes se précisent, se déterminent. Les écritures obtenues, les apparitions vues, les matérialisations photographiées, les figures décrites par les voyants, les voix entendues, le langage parlé, etc., tout cela se rapporte plus ou moins exactement à des personnes mortes que les intéressés peuvent reconnaître. Ce sont tout autant de preuves de l'identité de ceux qui se communiquent. Les faits, étudiés, creusés, scrutés, sont donc bien la pleine justification de ceux qui les ont acceptés, de ceux aussi qui en ont conclu la survie de l'âme.

Certes, lorsqu'on jette un coup d'œil d'ensemble sur ce vaste domaine du psychisme, on comprend la rapide propagation de la foi nouvelle. Nous ne croyons pas seulement, nous voyons. Notre croyance n'est pas purement abstraite, elle est concrète. Et si l'on veut, à toute force, que les faits qui sont à sa base ne prouvent pas toujours effectivement ce que nous leur faisons prouver, ils n'en demeurent pas moins comme faits. Ce sont choses tangibles et palpables qui, malgré toutes les contradictions, facilitent et rendent plus acceptables, plus plausibles les nouvelles croyances. De toute manière, la vie est là.

Que nous considérions les faits eux-mêmes que nous avons directement observés, ou que nous nous en rapportions à ceux relatés par des hommes de science, nous aboutissons invariablement, logiquement à cette conclusion que la nouvelle foi se justifie amplement aux yeux de la raison, d'autant plus qu'on ne lui demande pas de croire aveuglément. Nous pouvons toujours récuser le témoignage d'autrui, attendu que ce que les uns ont vu, les autres le peuvent voir. Les faits se reproduisent, non pas précisément à volonté, mais cependant avec une assez grande fréquence, pour qu'il soit possible à la plupart d'être témoins de l'une ou de l'autre des nombreuses manifestations psychiques. Cherchez et vous trouverez ; regardez et vous verrez.

Mais, dit-on, s'il en est ainsi, comment y a-t-il encore des douteurs, et, plus fort, des négateurs? Tous les esprits ne suivent pas la même marche, ne vibrent pas aux mêmes impressions, ne se rendent pas aux mêmes preuves. Suivez, toutefois, les douteurs et négateurs. D'année en année, vous les verrez moins hésitants, plus affirmatifs. La puissance de la vérité les saisit, eux aussi. S'ils font des pas plus lents, ils avancent quand même. Ils sont souvent plus qu'ils ne croient, touchés, impressionnés de ce qu'ils voient et savent. Peut-être sont-ils, plus qu'ils n'osent se l'avouer, convaincus. Mais à supposer qu'ils résistent indéfiniment, obstinément, cela n'empêche pas les faits d'être, cela ne les diminue pas. Ce n'est pas de nier le soleil qui nous prive de sa lumière et de sa chaleur.

Une grande force s'est révélée à nous, de nouvelles espérances sont nées. Elles ne sont pas le privilège de quelques-uns : tous y peuvent participer. C'est une affaire de volonté, d'investigation, de persévérance.

Les faits se produisent en plein jour; les théories sont d'une compréhension facile. Les cœurs meurtris y trouvent soutien et consolation.

Que l'on continue, de ci et de là, de se moquer du spiritisme, de ses manifestations, de ses doctrines : peu importe! Confiants en la vérité; d'autant plus rassurés sur l'issue de la lutte engagée, que ses détracteurs les plus persistants, sont successivement conduits à la confesser, non parce qu'ils le veulent, mais parce que l'évidence des preuves les y oblige, nous attendons sans crainte aucune le verdict de l'avenir. Sa marche est, quoi qu'on ait, incessamment ascendante et progressive.

Notre monde s'en allait à la dérive, sans gouvernail pour guider sa course, sans phare pour lui indiquer le port. Il ne luttait plus qu'à peine contre le courant néfaste qui l'entraînait. La matière triomphait avec le matérialisme. Les espérances, quant au futur, s'évanouissaient les unes après les autres. La mort devait être la fin de tout. Nous savons maintenant — nous savons de science certaine — qu'elle n'est que le passage d'une vie à une autre. Ce que nous affirmions naguère sous la risée et le mépris publics, les savants, chaque jour, les savants les plus positifs, les plus rebelles aux vains rêves et aux mirages décevants, le confirment de plus en plus. Nous allons vers toujours plus de vérité. Le spiritisme accomplit sa grande œuvre de rénovation. La foi au monde de l'au delà refleurit, plus puissante que jamais.

Quelques mots de Philosophie Spirite.

Il est des questions qui nous dépassent de toute l'immensité de l'univers. Notre impuissance à les résoudre, connue et reconnue, nous devrions, semble-t-il, cesser d'en faire le sujet de nos préoccupations ou intellectuelles ou morales. Il n'en est rien. Ces questions insolubles, par cela même que nous les savons telles, sont comme l'éternelle hantise de nos esprits. Nous avons beau les reléguer, elles reparaissent toujours, et, tantôt en s'insinuant avec douceur, tantôt en s'imposant despotiquement, prennent possession des intimités de notre moi. Infinies, elles nous pénètrent et nous enveloppent. Nous ne pouvons pas plus échapper à leur action toute puissante que nous soustraire à l'invincible attraction des mondes parmi lesquels nous gravitons.

Tel est Dieu. Nous savons très bien — ceux au moins qui ont quelque réflexion — qu'Il est au-dessus de notre compréhension, que nous ignorerons à jamais sa nature intime, l'essence de son Etre. La personnalité ou l'impersonnalité que nous lui assignons ; la puissance et la science dont nous le disons revêtu ; l'amour, la sagesse, la bonté, la justice, tant d'autres attributs que nous lui supposons, ne sont au fond que des qualités humaines agrandies jusqu'à l'Infini. C'est toujours de l'anthropomorphisme, Dieu semblable à l'homme. Or, l'Etre par excellence, Celui qui est de toute éternité, le Maître et le Créateur de l'Univers, la Force, l'Intelligence, la Conscience dont les traces se retrouvent partout dans les mondes et les espaces, l'Absolu enfin peut-il avoir quelque analogie avec la créature misérable et chétive que nous sommes ? On l'a cru longtemps. Beaucoup le croient encore. Ils le croient si bien que, non contents de lui prêter toutes les qualités et vertus élevées au coefficient de la perfection, ils le font également participer à nos vices. On nous le montre colère, jaloux, vindicatif, sensible aux petits cadeaux, accessible à la flatterie...

Enfantillage que tout cela! Oui, sans doute. L'idée que nous nous faisons de la Divinité est, en général, puérile, et, dans tous les cas, inadéquate à son objet. Etablir de mesquines comparaisons entre ce qui est Tout et ce qui n'est rien, entre ce qui est Infini et ce qui est fini, c'est, incontestablement, se payer de mots.

Mais, d'autre part, et quelle que soit l'énorme disproportion de Lui à nous, quelle que soit notre impuissance à embrasser sa grandeur de notre intelligence ou de notre cœur, un instinct mystérieux et profond, quelque chose de doux et de fort, nous crie que nous avons raison de croire en la Puissance, en la Bonté, en l'Amour. Illusion ou réalité, pour nos âmes, c'est un fait. Aux heures des grandes joies, ainsi qu'à celles des douleurs sous le poids desquelles nous succombons, involontairement, spontanément, nous nous tournons vers ce Quelque Chose ou vers ce Quelqu'un dont nous sentons la présence sans le voir ni le connaître. La prière jaillit, reconnaissante tantôt, et tantôt suppliante. Nous le louons du bien qui nous arrive; nous l'implorons contre le mal qui nous angoisse. Je sais bien : l'on voudrait nous persuader que le ciel est vide, et la vie sans espoir. Il semble parfois que l'on n'y ait que trop réussi. Mais, de nouveau, une intuition secrète, plus forte que tous les raisonnements, ces raisons du cœur que la raison ignore, nous ramènent à notre foi première. Les négations dissipées, les voiles du doute déchirés, nous reprenons confiance. Il n'est pas vrai que nous soyons seuls, isolés, abandonnés, imperceptibles atomes, à la puissance écrasante d'une nature hostile. Une Volonté bienveillante, une Loi de justice et d'Amour veillent sur les destinées de l'homme. Il va, par des voies lentes, mais sûres, à travers les larmes et la souffrance, vers les fins glorieuses en vue desquelles il a reçu la vie.

Cet instinct primordial, cette allègre certitude le soutiennent et le réconfortent. A-t-il tort de se confier, de s'abandonner à une inspiration dont la source est ailleurs qu'en lui ? Nous ne pouvons le croire. Le haut idéal auquel il tend, il ne l'a conçu, il n'y aspire, que parce qu'il le sent, le sait réalisé en dehors de son moi. Là est l'attraction des âmes ; là, l'aimant qui les arrache à la matière, au vice, à l'égoïsme, générateur de mal ; là, la force qui les pousse et les hausse progressivement jusqu'aux sphères éthérées de toute pureté, de tout dévouement, de tout sacrifice. C'est une marche en avant par des routes pénibles et tortueuses. On n'y avance pas d'un pas égal et uniforme. Il y survient des chutes et des rechutes. Mais la vision de l'avenir, mais le but à atteindre, comme un phare lumineux, éclaire notre ascension : gage tout ensemble et promesse de victoire, de salut.

* *

Il est d'une importance extrême d'avoir une vue claire, une nette compréhension de l'idéal au-devant duquel nous allons. La justice dont nos cœurs ont soif; la charité, qui est un devoir et une loi; la solidarité voulue par la nature qui nous a tous soumis aux mêmes besoins et aux mêmes souffrances; toutes ces choses excellentes, toutes ces tendances supérieures, qui sont à la fois la marque de notre origine et comme la prophétie de notre condition future, jamais ne se réaliseront effectivement sur la terre, si nous ne les transportons tout d'abord dans le ciel. Nous avons eu trop longtemps des dieux partageant nos faiblesses et jusqu'à nos vices. Ils étaient haineux et ils se vengeaient. Ils se vengeaient, non pas à la manière humaine: œil pour œil, dent pour dent. Ce qu'ils voulaient, c'était un supplice éternel pour des fautes commises dans le temps. Ils maudissaient et ils damnaient. Et nous? Comment nous serions-nous entr'aimés et entr'aidés? l'homme plus grand que son Dieu, plus haut que son Idéal souverain? cela ne se pouvait pas. L'iniquité, l'arbitraire devaient régner en maîtres parmi nous. Ils devaient être la règle et le droit. Mieux que le droit: le devoir. L'homme imite son Dieu, dont l'exemple et la volonté sont sa loi. Si Dieu est fait à l'image de la société qui l'a conçu, la société, à son tour, est plus ou moins le reflet du Dieu qu'elle s'est donné.

De là, l'irrépressible nécessité d'élever plus haut, toujours plus haut le Dieu qui est notre idéal, l'idéal qui sera notre Dieu. Nous ne parlerons plus ni des vengeances divines, ni des châtiments dont la divinité contristerait ses enfants. Dieu ne prendra plus plaisir à la souffrance de l'homme. Encore moins s'ingéniera-t-il à inventer de nouveaux déchirements d'entrailles pour l'expiation de ses crimes. Non pas qu'avec des conceptions plus saines sur l'Absolu, la souffrance elle-même doive disparaître. Elle est, comme une robe de Nessus, attachée à nos flancs, incrustée dans nos cœurs. Nous connaîtrons encore les angoisses de la maladie; comme par le passé, nous pleurerons des larmes de sang devant nos morts et à leur souvenir; le repentir et le remords toujours nous courberont humiliés vers la terre; plus d'une fois, nous crierons de douleur sous les coups de fouet de la vie et de ses circonstances adverses. Mais les morsures physiques ou morales qui viendront déchirer nos chairs ou nos âmes, ne seront plus l'inévitable résultat d'une condamnation qui, trop souvent, tient plus du caprice que de la stricte justice. Elles seront disciplinaires, ou, selon l'heureuse expression de Platon, médicinales. Comme les métaux précieux au feu, ainsi nos âmes s'affineront et se purifieront dans le terrible creuset où elles ont été jetées. Les grandes âmes sont filles des grandes souffrances. Le malheur s'est abattu sur elles plus que sur personne. Deuils, maladies, revers de fortune, la gamme entière des douleurs humaines s'est appesantie sur elles à un degré exceptionnel. On dirait toutes les puissances du mal ensemble conjurées pour assombrir et désespérer leur vie. Elles auraient pu se révolter, blasphémer. Point. Elles ont résisté à tout, triomphé de toutes les détresses, conservé au milieu des circonstances les plus contraires, leur foi, leur sérénité, leur bonté, leur sympathie humaine.

Donc pas de damnation éternelle, la vengeance n'est pas un plaisir des dieux. De semblables postulats ne sont rien moins que d'horribles blasphèmes.

Ce nouvel enseignement, cette théologie rajeunie aura sa répercussion immédiate sur la société. Si le Dieu absolu n'est pas vindicatif; si au lieu d'être un Dieu de colère, il est un Dieu éducateur, un devoir s'impose à nous, irrésistible, dans le traitement des coupables. La loi qui nous est appliquée dans le cours de nos existences progressives, la douleur médicinale qui contribue à notre graduelle amélioration, cette loi et cette douleur, nous en ferons, autant qu'il est en nous, bénéficier ceux qui sont tombés, ceux dont la conduite, les mœurs ou les actes constituent un danger public. Tels sont les voleurs, les calomniateurs, les meurtriers, les corrupteurs, etc. On les condamnait à mort autrefois. On les faisait disparaître, comme on retranche un membre gangrené. Quelques pays ont dès à présent renoncé à cet usage barbare; d'autres sont restés fidèles aux coutumes anciennes. Pour nous, nous les proscrivons sans rémission ni délai. La peine de mort sera définitivement et universellement abolie. Non seulement cela. Mais les coupables ne seront frappés ni en leurs corps ni en leurs âmes. Il ne se trouvera pour eux ni bourreaux ni tortionnaires. Dieu laisse vivre les bons et les méchants. Son soleil luit pour les uns et pour les autres. Nous essaierons de nous approprier ses leçons, de les mettre en pratique autant qu'il est en nous.

Mais ces hommes, dira-t-on, sont une menace pour les autres, dont ils mettent en péril la vie ou la propriété. Les laisserez-vous courir, libres de leurs faits et gestes, accumulant les délits sur les délits, les crimes sur les crimes? Non pas. Il faut arrêter le mal, empêcher la violation de la loi morale, rendre impossible la perpétration de nouveaux forfaits. Nous reléguerons donc les criminels : dans notre intérêt, cela va sans dire; dans le leur, cela n'est pas moins certain. Mais une fois qu'ils seront en lieu sûr, réduits à l'impuissance de nuire, on ne s'acharnera pas sur leur malheur, comme pourraient faire des fauves altérés de sang. Ils seront traités avec douceur, commisération, humanité. Ne sont-ils pas hommes comme nous? Les élever, les corriger, les convertir, — ce dernier mot pris dans son sens essentiel et primitif — sera notre unique but, notre constante préoccupation. L'œuvre que nous accomplirons sera une œuvre d'éducation, d'éducation individuelle, sociale et morale. Et, qui sait? Si, comme l'a dit une femme de cœur, les méchants sont des hommes que personne n'a jamais aimés, leurs cœurs ne s'ouvriront-ils pas à des sentiments plus doux au contact de notre sympathie? Ne sentiront-ils pas de meilleurs désirs s'éveiller dans les intimités de leur moi? Leurs aspirations ne s'élèveront-elles pas vers quelque chose de supérieur? De l'égoïsme qui les domine ne jaillira-t-il pas quelque étincelle d'altruisme? Que si nous ne réussissons pas sur le moment ni même dans la présente existence, soyons sans crainte. La bonne semence a été jetée en terre, elle germera, aujourd'hui, demain ou plus tard. Au reste, nous ne sommes pas tenus de réussir, mais de remplir au mieux notre tâche.

Ainsi plus de peine capitale, plus de sang

versé, plus de châtiment vengeur, plus de souffrance pour la souffrance. Nous n'avons pas donné la vie, nous ne l'ôterons pas. La loi naturelle seule, quand l'heure aura sonné — et, hélas! elle sonne toujours assez tôt — accomplira l'œuvre de la nature.

. *.

Mais si les choses doivent se passer, et se passent réellement de la sorte, pour ceux que j'appellerai les criminels officiels, la grande loi de la solidarité et de la justice veut que tous les coupables également, connus ou inconnus, subissent le même sort. Ici, point de privilége. Nous sommes solidaires dans le bien et dans le mal. En vertu de cette disposition initiale de l'œuvre créatrice, nous nous élevons les uns par les autres, d'échelon en échelon, vers des cimes toujours plus hautes et plus pures. A côté, cependant de la responsabilité générale, à laquelle nul ne peut se soustraire, chacun est responsable, tout spécialement, de l'œuvre propre qu'il est appelé à réaliser. Chacun a sa part de travail personnel, une tâche qui lui incombe directement. Nous ne sommes pas, sans doute, même alors, complétement isolés, ni toujours abandonnés à nos seules forces. L'on nous aide et l'on nous soutient. Quelquefois, on nous contrarie. Des efforts opposés annihilent ou diminuent le résultat que nous étions en droit d'espérer des nôtres. Mais appui, ou résistance, nous sommes tenus de mettre la main à l'œuvre. On ne nous aide que dans la mesure où nous nous aidons nous-mêmes. Le proverbe a mille fois raison qui dit : « Aide-toi, le ciel t'aidera. »

Lors donc qu'il s'agit de réparer une injustice, de revenir d'une erreur, de faire de nouveaux pas en avant, les circonstances pourront bien nous mettre sur la voie où s'offriront à nous les occasions de racheter un mal passé par un bien actuel, de substituer, dans notre esprit, à une ombre vaine une solide vérité, de faire des progrès dans la connaissance et la pratique de ce qui est meilleur. Mais si nous nous obstinons à rester ce que nous sommes, si nous négligeons le moment propice, rien ne sera fait, tout devra être recommencé. Car, *il faut* réparer, *il faut* se corriger, *il faut* marcher. Ce que nous refusons de faire aujourd'hui, s'imposera demain plus impérieux, plus difficile. La justice sera, et la vérité, et l'amélioration. Les douleurs médicinales sauront bien nous rappeler, tôt ou tard, à l'ordre de la nature qui est celui de Dieu. Point d'exception à la règle. Personne n'arrachera de nos cœurs le mal que nous y abritons, à moins que nous-mêmes nous n'y mettions la main. Il

serait commode, nous en convenons, de dire :
« Je suis coupable, il est vrai, mais un autre a
expié mes fautes ; je suis ignorant, mais un autre
me communiquera sa science ; je suis arriéré,
mais un autre, sans moi, me poussera en avant.
Qu'ai-je besoin de peiner, de combattre, de me
ronger le cœur ? J'attends et j'espère tout du dehors, non de mon énergie individuelle. La foi me
suffit. Par elle, l'œuvre dont je suis du tout incapable, s'accomplira comme d'elle-même et
tout d'un coup. »

Commencer par affirmer son absolue impuissance, se reposer ensuite sur cette incapacité
prétendue, s'en faire comme un mérite et un
droit à tout recevoir gratuitement et sans peine :
telle est la condition où beaucoup parmi nous se
complaisent. Nous craignons qu'ils ne se leur-
rent étrangement. Nous ne disconvenons pas
qu'il ne soit bien agréable d'être injuste, cruel,
égoïste, avare, paresseux, prévaricateur, malfai-
sant toute une longue vie ; d'exploiter ceux-ci ;
de réduire ceux-là en un véritable esclavage ; de
s'enrichir de la sueur et du travail des autres, de
les éclabousser de sa grandeur empruntée et de
son luxe insolent : en un mot, de violer, de toutes
les manières, les lois divines et humaines. Puis
le moment suprême arrivé, quand il s'agit de
rendre ses comptes, de s'écrier : « Je crois, oui,

je crois de toute mon âme » pour recevoir tout aussitôt la plénitude des joies et des grâces célestes. La transgression n'existe plus, pas plus que les souillures et le péché. Tout est effacé, tout est lavé. Le pécheur s'est transmué en saint. Un clin d'œil a suffi pour cette étonnante métamorphose.

Les choses se passent-elles réellement ainsi? Nous éprouvons quelque peine à nous le persuader. Ce serait, nous le répétons, extrêmement délicieux et commode. N'être pas obligé de payer ses dettes; emprunter toujours et ne jamais rembourser, comme ces fils de famille qui escomptent perpétuellement l'indulgence d'un père ou d'une mère, sachant d'avance qu'ils ne se lasseront pas de réparer des sottises qui toujours se renouvellent. Mais si le système est confortable, il n'est pas juste à beaucoup près. La justice est plus sévère. « A chacun suivant ses œuvres », a dit l'Evangile. L'ascension morale et spirituelle a pour condition expresse l'expiation et la réparation personnelles. Qui a commis la faute en supportera les conséquences nécessaires. Il faudra travailler pour en effacer jusqu'aux dernières traces. Et, ces traces effacées, continuer la marche en avant et en haut, au sein de la même société qui, témoin et victime de la chute, aura sa part aussi des joies et des bénéfices du relèvement. Ce sera long et ce sera dur. Plus d'une fois, nous nous déchirerons aux ronces du chemin. L'expérience est un rude maître. Nous connaîtrons par elle toute l'amertume du mal, du péché. Il en coûte cher de s'écarter de la voie droite. Mais qu'y faire, si c'est la loi, si ainsi le veut la Justice souveraine? Pouvions-nous souhaiter mieux que de conquérir progressivement, depuis les étapes inférieures de la vie, la science, la bonté, l'amour, le bonheur, sous le regard bienveillant et approbateur de Dieu?

.*.

Mais comment et sous quelle forme se réalisera, dans le cours des âges, ce lent et indispensable perfectionnement? Nous regardons autour de nous. Les hommes, dans leur immense majorité, sont à une distance incommensurable du degré d'avancement qui est dans notre pensée et dans nos désirs. Que nous les prenions dans leur enfance, leur jeunesse, leur âge mûr, leur vieillesse, à la veille même de leur mort, nous les trouvons très semblables à eux-mêmes. Les mêmes passions les animent. Ils sont sujets aux mêmes défauts, tributaires des mêmes vices. Nous ne les voyons ni plus vrais, ni plus dévoués, ni plus humains, ni plus près de Dieu. La vie ne les a pas, ou ne les a que peu changés. Ce qu'ils ont été, la plupart le sont encore. Ou s'il y a du mieux, il n'est que médiocrement sensible. N'en jugeons pas d'après le prochain surtout. Ayons le courage de nous examiner nous-mêmes. En quoi valons-nous mieux aujourd'hui qu'hier? Avons-nous dépouillé le vieil homme, secoué l'égoïsme qui fait de notre moi le centre de l'univers? Hélas! l'une des plus grandes tristesses de la vie, c'est cette constatation, un peu décourageante, du peu que nous gagnons dans la durée d'une existence. Nous voudrions, sans doute, faire le bien que nous aimons; cependant, nous faisons le mal que nous haïssons. Nos vœux tendent à droite; nos actions vont à gauche. Nous flottons incertains sur la limite de deux mondes: celui de la matière et celui de l'esprit.

Si telle est notre progression, désespérément lente; si du berceau à la tombe, parmi tant de troubles et d'agitations, d'efforts et de luttes, nous n'arrivons qu'à grand'peine à faire quelques pas en avant, qu'en sera-t-il de nous à l'heure de la mort? Imparfaits, tout couverts encore de nos souillures et de nos vices, les mains rouges peut-être du sang versé, la société des bienheureux nous serait intolérable. Nous avons trop le sentiment de notre misère morale pour ne pas craindre la clairvoyance pénétrante de ceux qui ont surmonté le mal. Leur sainteté nous serait un constant reproche. Leur regard nous gênerait. Il serait comme le miroir qui, sans discontinuer, éclairerait nos défauts et nos laideurs. Nous ne pourrions pas vivre de la vie des élus. Quant à l'enfer, il répugne à notre pensée, parce qu'il est la négation de Dieu. Et puis, si nous sommes restés inférieurs, nous avons fait preuve pourtant de bonne volonté. Nos larmes ont coulé, nous avons fait effort vers le mieux. Nos mains se sont tendues, ardemment, vers la Lumière. Quoi alors ? Une double alternative s'offre ; ou continuer dans l'au delà, parmi des conditions qui ne sont ni le parfait bonheur ni l'infini malheur, la lutte commencée mais non achevée ici-bas ; ou, après une vie spirituelle plus ou moins longue, reprendre un nouveau corps de chair pour de nouvelles batailles contre notre égoïsme. Nous continuerions ainsi de vie en vie, d'existence terrestre en existence spirituelle et d'existence spirituelle en existence terrestre, jusqu'à ce que de progrès en progrès nous gravissions l'immense échelle qui de la terre monte au ciel. C'est à cette alternative que nous donnons la préférence.

.*.

Nous voici donc amenés, par nécessité logique

et par besoin de justice, à la grande doctrine de la réincarnation. Elle a été la croyance de tous les peuples anciens, y compris les juifs et les chrétiens des premiers siècles. Elle est encore celle de la majorité des humains. Si l'immense fourmilière asiatique demeure sa patrie de prédilection, elle a pourtant aussi ses partisans dans notre Occident. Même le nombre en augmente chaque jour. Ses antagonistes, toutefois, continuent de se chiffrer parmi nous par des multitudes infiniment plus considérables. Elle étonne et scandalise. On ne trouve pas la vie bonne ni le retour à l'existence terrestre désirable. C'est assez, à notre sens, d'une épreuve sur notre planète. L'idée de la renouveler, de la renouveler indéfiniment, nous glace de terreur. Nous réclamons le bonheur, nous le voulons immédiat. La mort, qui est le roi des épouvantements, est aussi la porte d'or qui ouvre sur les demeures célestes. La félicité dont nous avons d'autant plus soif que nous avons plus pleuré et souffert ici-bas, nous sommes prêts à l'accepter de n'importe quelle main, et quelque prix qu'il en doive coûter à celui qui nous l'assurera. Tel, du moins, est l'avis du plus grand nombre. Et, nous en convenons, la chose est fort compréhensible. Nous aimons mieux, en général, les tâches faites que les tâches à faire ; la fortune qui nous tombe du ciel comme d'elle-même nous est plus douce que celle qu'il s'agit de conquérir à force de labeur acharné et de privations de toutes sortes. Ce sentiment est très humain. Nous aussi, nous déposerions volontiers le fardeau qui pèse sur nos épaules ; nous aussi nous récolterions sans déplaisir là où nous n'avons pas semé ; nous aussi, enfin, aux heures de lassitude, surtout, nous déchargerions, avec un profond soulagement, sur autrui le mal qui est en nous et qui nous accable. Mais il ne s'agit pas de nos préférences ni de nos commodités. Ou la réincarnation est une loi, et nous n'y échapperons pas. Ou elle n'est qu'une vaine imagination, et nous aurons tôt fait de découvrir le fond de notre illusion.

En attendant, forts de notre faiblesse, nous tendons les mains vers le salut gratuit qui nous est promis. Le Christ l'a payé de sa vie. Il en a souffert plus qu'homme ne peut souffrir. N'importe ! Nous adorerons sa souffrance, nous bénirons l'horreur de son supplice, nous nous réjouirons de son sang versé. Et, s'il nous arrive, parfois, de maudire l'indignité de ses juges et de ses bourreaux, nous n'en bénéficions pas moins, sans remords, des incomparables avantages que nous vaut leur crime. Car tel est notre salut qu'il repose sur la plus grande ignominie dont l'histoire garde la mémoire.

Quand, suivant le récit biblique, l'Eternel voulant éprouver Abraham, l'envoya à Morija pour y offrir son fils en holocauste, il commanda à l'un de ses anges d'arrêter le bras du sacrificateur au moment où il allait frapper le coup mortel, immoler l'innocente victime, la chair de ses entrailles. Jéhovah, le Dieu des armées, le Dieu jaloux, le Dieu vengeur, ne laissa pas se consommer le meurtre du fils par le père. Le simulacre lui suffit, l'obéissance et la foi ayant triomphé de toutes les résistances du cœur paternel. Il en fut autrement quand Jéhovah, dans la suite des âges, se fut transformé en *Dieu d'amour*. Le Christ s'offrit, pour un autre holocauste, sur l'autel de la croix. A bout de force et de courage, sentant peut-être sa foi faiblir, il s'écria dans la détresse de son âme : « Mon Dieu, mon Dieu, pourquoi m'as-tu abandonné? » Les entrailles du Père ne s'émurent pas ; le ciel demeura muet et fermé; l'horrible sacrifice s'acheva dans la mort.

Dieu se condamna à la crucifixion pour sauver les pécheurs que nous sommes. Il subit toute l'épouvante du mal humain. Il en sonda la profondeur immense, et l'ayant trouvé au-dessus des forces de l'homme, il le prit sur lui tout entier. Il ne pèse plus sur nous, invincible cauchemar. Nous en sommes délivrés aux siècles des siècles. L'innocence et la sainteté se sont substituées au crime. Dieu, encore une fois, s'est immolé lui-même à lui-même. La réconciliation de la terre et du ciel n'était possible qu'à cette effroyable condition.

Voilà en quelques mots, très brefs, trop brefs, la doctrine orthodoxe du salut. C'est sur elle que se fondent la plupart de ceux qui croient à l'Evangile, interprété d'une certaine manière. Beaucoup se réjouissent à la pensée que leur place est préparée là-haut et les attend. D'autres, par une sorte de pudeur morale, répugnent à devoir leur salut à un si grand sacrifice. Il y a, à leur opposition, — qui va grandissant sans cesse — des raisons de sentiment, des raisons de logique, des raisons de justice. Plus nous avançons dans la vie, plus nous devient intolérable l'idée des passe-droits, des faveurs, des privilèges immérités. L'injustice, sous quelque forme qu'elle se présente à nous, nous offusque et nous révolte. Or, y eut-il jamais injustice plus criante, plus énorme, que celle du Christ-Jésus mourant sur la croix pour que nous ayons la vie; souffrant, lui, qui passa sur la terre faisant le bien, pour que nous qui sommes répréhensibles et punissables, nous n'ayons pas à supporter les conséquences inéluctables de nos actes! Cela est contraire à tout ce qui se meut et s'agite de bonnes et saines pensées dans notre âme. Nous n'ignorons pas, pourtant, quelle source intarissable de consolations intimes les vrais croyants trouvent dans cette foi. Nous savons à quelle hauteur de charité s'élèvent quelques-uns de ceux qui en font comme l'essence de leur vie! Sauvés par le sanglant sacrifice du divin maître, ils se sacrifient à leur tour, donnent sans compter tout ce qu'ils ont, tout ce qu'ils sont, pour se rendre dignes de la glorieuse rédemption dont ils se savent les élus. La vie des *vrais* chrétiens est incontestablement l'un des plus beaux spectacles, et des plus dignes d'envie, qui se puissent imaginer. Ils se dressent, véritables colonnes de granit, parmi la foule de ceux qui les entourent, inébranlables au milieu des tempêtes, fermes dans leurs espérances, invincibles aux basses tentations. Mais combien sont-ils? Et peut-on vraiment dire que la mort est vaincue, et que le monde est sauvé, quand les peuples chrétiens n'ont pas cessé de s'entr'égorger, ainsi que des fauves sanguinaires? Quand de la terre entière montent vers nous et montent vers le ciel, les cris d'agonie des milliers et des milliers de nos semblables : noirs, jaunes, rouges et blancs que nous massacrons avec des raffinements de cruauté inouïs? Quand, parmi nous, se comptent par centaines de mille, par millions, ceux que notre cupidité jette au vice, à la débauche, aux plus extrêmes dénuements? Quand les enfants sont sans pain et les vieillards sans asile? Quand le luxe des uns insulte à l'indigence des autres? Quand les haines sourdent de tous côtés? Quand les colères grondent, sinistres et menaçantes? Quand enfin semble près d'éclater sur nos têtes la plus formidable des tempêtes, la catastrophe la plus désastreuse dont l'histoire ait jamais entendu parler? Non, un monde, témoin de tant d'atrocités dans tous les domaines; un monde qui voit, qui regarde, qui accepte, qui tolère, qui réalise un si universel appareil d'abominations, un tel monde n'est pas sauvé. Il est en butte aux contradictions, il fermente. Des forces adverses sont en œuvre dans son sein. Il se débat parmi elles, fait effort pour briser les barrières entre lesquelles il étouffe. L'air et la lumière qui lui sont d'irrésistibles besoins, lui font défaut. Il y aspire de toutes ses énergies. A tout prix, il veut monter par-dessus les miasmes délétères et les bas-fonds empoisonnés où se complaisent les êtres impurs et malfaisants. Un immense désir le pousse vers les transformations salvatrices : il n'est pas sauvé.

Ainsi la réponse est la même, soit que nous interrogions l'histoire dans le passé ou dans le présent, soit que nous prêtions une oreille attentive à ce que, tout bas, dans le silence, nous murmurent nos cœurs anxieux. Le salut qu'on s'en va proclamant n'est pas un fait accompli, une fois pour toutes. C'est un acte qui s'accomplit chaque jour. Loin d'être, dès à présent, gratuitement sauvés, *nous sommes appelés à nous sauver*, à nous sauver dans la communion toujours plus étroite avec le Père, dans la communion aussi, intime et profonde, avec tous ceux qui ont été ses missionnaires et ses messagers parmi nous. Ce n'est pas en criant : « Seigneur, Seigneur ! » que s'opérera une si grande révolution, mais en faisant la volonté du Père. Or, cette volonté est que nous soyons parfaits, comme Il est parfait.

Mais nous l'avons vu, la perfection n'est pas un don extérieur. Elle s'acquiert du dedans par un travail tout intérieur. Ce travail, à son tour, très long et très ardu, ne peut pas être achevé au cours d'une seule existence. Et nous voilà, après un long détour, ramenés à la nécessité de la réincarnation, des vies successives et grandissantes. Elle étonne, avons-nous dit, et elle scandalise. Elle fait plus. Elle paraît à beaucoup, *tout uniment impossible*. Impossible, pourquoi ? Voltaire a dit : « Il n'est pas plus extraordinaire de naître deux fois qu'une. » Et Voltaire avait raison. Si nous pouvons naître à la vie une fois — et de cela au moins nous avons la certitude

— nous ne voyons pas quelle loi, naturelle ou extra-naturelle, viendrait invinciblement s'opposer à *notre*, disons plutôt à *nos* renaissances.

Ce principe admis, bien des choses, autrement inexplicables, deviennent compréhensibles. Qui n'a été froissé en sa conscience à la vue des inégalités terrestres? Voici un homme qui naît avec tous les dons de l'intelligence la plus brillante. A côté de lui s'élève, grandit, vieillit sans avoir vécu, un pauvre idiot. Il ne comprend rien de rien. Ses jours se passent en d'impénétrables ténèbres morales. Il n'est qu'un automate vivant, et qui mange et digère. Qu'a fait le premier pour mériter le précieux privilège qui lui est échu? Qu'a fait le second pour être ainsi dénué de tout? S'ils sont nés pour la première fois, ils n'ont rien fait ni l'un ni l'autre. Le hasard seul est cause de tout. Ou si l'on récuse le hasard, ce sera donc Dieu, Dieu caprice, Dieu arbitraire, qui distribue, nous allions dire qui prostitue à tort et à travers, au gré d'une fantaisie déréglée, le bien et le mal, la nuit et le jour.

Une telle pensée, il est vrai, est un blasphème. Mais blasphème ou non, c'est à cette conclusion que nous sommes inévitablement acculés, si, dans l'existence totale, nous n'admettons qu'une seule existence d'épreuve terrestre. Dans ces conditions, nous ne serions tous, tant que nous sommes, que de misérables fantoches, dont une volonté toute puissante et sans contrôle tirerait les ficelles. Est-ce cela qu'on veut?

L'enfant que voici est venu au monde avec des dispositions innées excellentes. Il a le sens du beau et du bien. Ses aspirations sont hautes et ses intentions pures. Il a une délicatesse et, tout ensemble, une force morale telles que toutes les tentations rebondissent sur son cœur comme une balle sur le granit. L'égoïsme n'a que la moindre part en lui. Il pense aux autres plus qu'à lui-même. Il veut leur bien et le poursuit sans se laisser arrêter par aucun obstacle.

Cet autre, par contre, manifeste dès l'origine les instincts les plus pervers. Il est jaloux et vindicatif. La soif des richesses le tente, l'égoïsme le domine. Il est l'esclave de ses passions. Tout ce qui le gêne, il l'écarte de sa route. Un meurtre ne l'effraie pas plus qu'un vol. Les moyens lui sont tous bons, pourvu qu'ils le conduisent à ses fins. Le prochain? Ses semblables? Il ne s'en souvient, il ne les estime, il n'en tient compte qu'autant qu'ils sont ou peuvent être entre ses mains les instruments de sa fortune ou de ses jouissances. Pourquoi celui-ci est-il tout entier enveloppé dans la matière? Pourquoi celui-là plane-t-il, héros superbe, dans les sphères éthérées? Simplement, parce que Dieu l'a ainsi voulu.

Cherchez encore : Vous trouverez l'enfant qui, en venant au monde, n'a pas un chiffon pour couvrir sa pauvre nudité, ni un sein pour apaiser sa faim. C'est, dès la première heure, l'atroce misère avec tout son hideux cortège. Il a soif, il a faim, il a froid. Point d'affection, pas un baiser de tendresse, à peine les soins les plus indispensables. Pauvre et triste chose, abandonnée à tous les hasards de la vie, à charge à lui-même et aux autres. Que venait-il faire ici-bas ?

A côté de lui dort, dans un berceau tout blanc et tout rose, chaud et moelleux, un enfant à qui rien ne manque, à qui rien ne manquera jamais. La mère, ou la nourrice, épie ses moindres gestes. On le tient propre, son linge immaculé, renouvelé sans cesse. Une douce et constante chaleur baigne son petit corps. Un sein complaisant et tout gonflé de lait fait taire son appétit. On le comble de caresses. Des affections tendres et nombreuses veillent sur sa santé. Il a de tout abondamment, surabondamment même. Pourquoi ce contraste déplaisant ? Pourquoi cette choquante inégalité ? Qu'ont-ils fait tous deux pour être si différemment traités ? Rien, exactement rien. C'est Dieu qui l'a voulu ainsi.

On continuerait longtemps de la sorte avant d'épuiser la liste des inégalités, des monstruosités qui blessent nos yeux et nos cœurs au spectacle de la vie et du monde. Et le pire, nous le répétons, c'est que nous ne pouvons nous les expliquer qu'en accusant ou Dieu ou la nature. Accuser Dieu, qui est l'idéal suprême, en qui nous faisons résider toute justice, toute sagesse, toute vérité, en faire un être bizare et fantasque, sans ordre ni règle? Le rendre comptable de nos fautes et de nos souffrances? Lui dire: si le monde est comme il est, odieux dans sa conduite, avec des intelligences aberrées et des cœurs viciés, ce n'est pas la faute de ceux qui sont nés ainsi, c'est la tienne? Il t'a plu de les frapper avant même qu'ils fussent nés.

Tel est l'abominable blasphème où nous aboutissons invariablement avec une théologie qui postule une seule et unique existence. Aussi, plus nous y réfléchissons, plus nous examinons à fond la question, plus nous sentons fortement que ce n'est pas cela qu'il nous faut, mais les renaissances qui se prolongeront et se multiplieront autant qu'il sera nécessaire pour nous arracher à la matière et nous unir à l'esprit.

* *

Le système n'est pas d'accord seulement avec la justice. Il se concilie admirablement avec ce que nous observons dans la nature. La nature, a-t-on dit, ne fait pas de saut. Tout y est progressif, tout s'y enchaîne par gradations insensibles. Entre un être et celui qui le suit immédiatement, la distance est imperceptible. Mais laissez les générations se succéder les unes aux autres, et les différences, petit à petit, seront marquées plus nettes, plus précises. On constatera sans peine les grands pas qui ont été faits dans la vaste série vitale. Que la marche continue, les temps cédant la place aux temps. Lorsque des siècles de siècles seront révolus, la cellule primitive, la goutte de protoplasma informe et molle qui était à peine vivante ne sera plus elle. Elle aura si bien métamorphosé sa forme et sa constitution premières qu'au lieu d'elle, vous aurez sous les yeux les animaux supérieurs de la création terrestre, l'homme lui-même.

Ce qui se passe dans la nature animale pour la formation successive des organismes physiques, donne lieu parallèlement, à un développement spirituel correspondant. A l'origine, il n'y a ni sensations différenciées, ni organes de perception distincts. Le corps tout entier, par toutes ses parties, mange, digère, respire, éprouve le bien et le mal être. Ainsi de la monade spirituelle qui l'anime. La sensibilité, générale d'abord, et diffuse, se modifie au cours des âges, se diversifie, se perfectionne pour devenir, enfin, après des périodes de temps incalculables, l'homme tel que nous le voyons et connaissons, conscient de lui-même et conscient des autres.

Lors donc qu'un enfant nait, il ne *vient* pas seulement sur la terre, il y revient. Notre habitacle nous connait et nous le connaissons. Nous y avons déjà vécu, nous y vivrons probablement encore. Les uns y ont séjourné plus souvent, les autres moins. Ceux-ci, dès l'abord, ont fait effort vers le bien et le mieux ; ceux-là se sont attardés en route, butinant ici et là les fleurs et les fruits empoisonnés de la vie. Alors, alourdis, malades, endoloris, par le mal qu'ils ont inoculé à leur moi, ils ne peuvent plus que se trainer misérables, pendant un temps plus ou moins long, suivant la gravité ou la multiplicité des fautes commises. Ils ont comme un lourd boulet de galérien qui les retient et les paralyse. Ils récoltent ce qu'ils ont semé.

Mais nul n'est égaré à jamais. Après avoir erré plus ou moins, le besoin de la lumière vraie, du chemin qui conduit au but, se fait plus ou moins vivement sentir. La souffrance médicinale, dont nous parlions plus haut, y pourvoit. Amère souvent et brûlante, elle fait crier le patient. Ainsi fait le chirurgien pour sauver le malade. Il est des plaies, intérieures et extérieures, qui ne se guérissent pas autrement.

Considérez le monde à cette lumière. Si bien

des points demeurent obscurs — en réalité, nous ne savons le fond de rien — quelques-uns s'éclairent d'assez vives lueurs. La société, telle qu'elle est constituée, avec ses défauts et ses vices, n'est que la simple résultante de notre passé collectif. L'état de chacun de nous est exactement ce qu'il doit être, sans privilèges immérités ni rigueurs injustifiées. Les différences d'intelligence et de spiritualité qui s'observent parmi nous sont aussi naturelles que légitimes. Elles sont notre œuvre. Mais elles ne sont ni fatales ni éternelles. Nous les avons créées. Nous les pouvons détruire. Un homme qui s'est laissé choir dans une eau bourbeuse, en ressort inévitablement, tout entier couvert de vase. Mais cette vase ne s'est pas attachée à lui indélébilement. Des lavages répétés à l'eau pure en auront bientôt raison. Ainsi en est-il des souillures morales. A mesure que nous dépouillons la matière et l'égoïsme, avec l'amour de tout ce qui est bas, la rançon de notre passé se paie, le présent s'améliore, l'avenir se fixe. Toute bonne pensée, toute parole salutaire, tout acte de dévouement réagit sur demain qui, tout bien considéré, n'est que la totalisation de ce que nous avons été et de ce que nous sommes. Nous sommes les maitres de nos destinées, nous nous créons pour ainsi dire chaque jour, nous modifiant et nous affinant suivant l'idéal que nous avons conçu, et qui lui-même s'élève sans cesse. Si la méconnaissance de la Loi nous a éloignés de la Source de vie, l'obéissance nous y ramène.

* * *

Disons-le toutefois. Tout ne dépend pas exclusivement de nous. La solidarité n'est pas rompue de nous aux autres. Elle existe dans le bien comme dans le mal qui sont, à la fois, personnels et sociaux. Nos parents sont là et nos amis, qui, tantôt d'outre-tombe, tantôt d'en-deçà, veulent notre bien. Ils nous instruisent, nous encouragent, nous soutiennent, nous fortifient. Les répercussions qui existent d'une existence à l'autre nous sont inconnues. Nous n'en recueillons pas moins les fruits, ou bons ou mauvais. Le bien que nous avons fait ne se perd pas. Les affections demeurent et se retrouvent. Nos tâches actuelles nous sont ainsi bien souvent facilitées. C'est la chance, disons-nous. Mais la chance, comme le hasard, est une providence anonyme. Nous recueillons aujourd'hui ce que nous avons semé en d'autres temps.

Autant en dirons-nous de ceux qu'on appelle les malchanceux. Leur malchance n'est peut-être que la juste récompense de leur égoïsme et de leurs fautes passés. Ils étaient durs pour les autres ; ils apprennent à leur tour, et à leurs dépens ce qu'il en coûte de n'être pas pitoyable à ceux qui sont dans la peine ou l'embarras. Leçon de choses douloureuse et admirable. Rien ne vaut l'expérience personnelle pour devenir compatissant aux misères d'autrui. La vie est une école dont nous sommes les pupilles. Elle nous initie peu à peu aux préceptes que nous devons connaître et pratiquer pour être vraiment dignes de notre titre d'hommes.

.*.

Au-dessus de notre action, qui est parfois un peu déréglée ; au-dessus de celle de nos semblables, qui n'est ni toujours juste ni toujours exactement proportionnée à son but, se place celle, souveraine, de l'Absolu, qui est Dieu. Régulatrice de toutes les autres, elle ramène au point tout ce qui s'en écarte, fait une exacte distribution de ce qui convient à chacun. Nous ne comprenons pas toujours le pourquoi de ce qui nous arrive, trop portés, par nature, à nous trouver beaux et bons. « Qu'ai-je donc fait à Dieu pour souffrir pareillement? » Ces paroles désespérées ne sont pas rares. L'amertume monte facilement du cœur aux lèvres. Ah! si nous savions nous persuader que Dieu est amour et que Dieu est père! Nous aurions confiance alors, même dans les choses qui dépassent les limites de notre science. Dans le mystère qui nous enveloppe, il y aura longtemps encore, toujours peut-être, place pour la foi. On a dit, nous ne l'ignorons pas : « Il n'y a plus de mystère. » C'est une grande naïveté, pour ne pas dire une grosse bêtise. Nous nageons dans un océan de mystères. En réalité, tout est mystère de ce que nous voyons, touchons et sentons. Tout, en fin de compte, s'achève nécessairement par un acte de foi. Nous *croyons* bien plus que nous ne *savons*.

* * *

Quand les choses menacent de mal tourner pour nous, que nous redoutons des cataclysmes plus ou moins prochains, il n'est pas rare d'entendre énoncer cette phrase égoïste : « Cela durera bien autant que nous ; après nous le déluge. » Que ceux qui viendront après nous, peinent, pleurent, se lamentent et se désespèrent, peu nous chaut. Pourvu que les choses restent en l'état autant que nous.

Avec la doctrine qui est celle de l'immense majorité de nos contemporains occidentaux, la phrase a un sens parfaitement compréhensible. Nous avons fait notre temps, nous ne reviendrons plus ici-bas. Que ceux qui nous succèderont se tirent d'affaire comme ils pourront.

Avec le système des réincarnations, tout change. Non seulement le mal que nous aurons toléré, encouragé ou directement perpétré, s'attachera à nous pour ne nous lâcher qu'après réparation complète : nous paierons jusqu'au dernier quatrain. Mais la société elle-même au sein de laquelle nous aurons vécu sans rien faire pour l'élever vers de plus hautes sphères ; où, grâce à notre faiblesse, notre lâcheté ou notre ambition, les iniquités se seront amassées les unes sur les autres ; où le puissant aura sans cesse écrasé le petit, avec la complicité, tout au moins tacite, de la presque totalité d'entre nous ; où les haines présentes auront fait germer les vengeances futures ; où l'âpreté des divisions aura préparé les disputes et les guerres de demain ; où l'orgueil et l'insolence d'en haut auront soigneusement entretenu les colères et l'envie d'en bas ; où, dans un pêle-mêle effroyable de passions criminelles, se seront entrechoqués, en des luttes fratricides, les races, les peuples, les individus : cette société pour laquelle nous n'aurons rien fait, sinon d'attiser le feu qui déjà brûlait les cœurs, sera de nouveau *notre société*. Nous serons victimes des maux que nous n'aurons pas corrigés. Ils nous frapperont dans ce que nous avons de plus cher : *nous-mêmes*.

Nous avions dit ou pensé : « Après nous le déluge. » Et voici que, *après nous, c'est encore nous.* Le déluge que nous léguions d'un cœur léger aux autres, c'est nous qui en héritons, nous qui nous y noyons.

N'est-il pas vrai que les choses s'offrent sous un tout autre aspect, considérées de ce point de vue? Le mal social et le mal individuel devront être vaincus par l'effort conscient — et constant — de la société et des individus. La victoire ne viendra pas du dehors. Elle sortira de ce qu'il y a de meilleur et d'incessamment progressif dans l'homme : le tout sous l'égide et avec la collaboration, puissante et sage, de Celui qui nous veut forts et bons, parce que Lui-même est force et amour.

.*.

Il y aurait encore bien à dire ; mais il ne s'agit pas ici d'une exposition complète de doctrine. Ce qui précède, ce sont simplement quelques notes jetées sur le papier au courant de la plume. Il est temps de conclure.

Nous avons, dans une certaine mesure, opposé le dogme chrétien à la croyance des spirites. Y a-t-il réellement opposition entre les deux ? En apparence, oui. La théologie s'est faite si étroite, si mesquine, si exclusive, ajoutons si oppressive ; elle a élevé autour du Christ des barrières si hautes ; elle a si bien défiguré sa divine face et ses préceptes souverains, que de toutes parts, et de plus en plus, l'on s'éloigne de lui, le plus aimable, le plus doux, le plus juste, le plus secourable des hommes. Le salut qu'on prêche en son nom ; l'enfer dont on menace ceux qui ne l'acceptent pas suivant telle ou telle formule théologique, répugnent souvent si fort au cœur et à la raison, que la plupart, en notre temps, ne se soucient guère plus de l'un qu'ils n'ont peur de l'autre. Reconnaissons, toutefois, que des brèches s'ouvrent dans l'édifice quelque peu vermoulu de la vieille théologie. Bien des nouveautés se glissent par ces fissures. Si les orthodoxes d'il y a quelque soixante ou quatre-vingts ans revenaient parmi nous, il y a beaucoup à parier qu'ils ne verraient partout qu'hérétiques et qu'hérésies. Et, sans doute, après avoir tout scrupuleusement examiné, sondé toute la profondeur du mal qui nous ronge, le trouveraient-ils sans remède et nous enverraient-ils en bloc, orthodoxes, libéraux, rationalistes, spirites, théosophes et le reste, dans cet enfer dont nous ne voulons plus, et où, peut-être, s'opérerait la grande réconciliation dans le commun malheur.

Les nôtres sont un peu moins féroces. Le progrès s'impose même à la plus fermée des théologies. La mort qui, autrefois, était tout, aujourd'hui est beaucoup moins. Elle ne décide plus à elle seule de nos destinées éternelles. Une autre économie s'ouvre dans l'au delà pour ceux qui ne se sont pas convertis de ce côté-ci de la tombe. C'est un premier pas, un pas si considérable qu'il équivant presque à la réincarnation. Car, enfin, si, après la mort, l'homme non sauvé peut et doit travailler à sa régénération, n'est-ce pas dans le fond, sinon dans la forme, la doctrine que nous plaidons, quand nous disons que la mort ne termine rien, mais que tout continue. Et si tout continue, si l'on exige encore de l'homme l'effort personnel, le salut par Christ et en Christ n'est donc pas ce qu'on nous disait. Il n'est ni si gratuit, ni si rapide, ni si immédiat que le voulait l'ancienne orthodoxie.

On nous a beaucoup reproché, du côté des théologiens, de prétendre faire intervenir les morts dans la vie. Mais, actuellement, nombreux sont les pasteurs, je parle des meilleurs, des plus dévoués, des plus intelligents, qui trouvent toute simple cette intervention sur le plan physique de ceux qui vivent de la vie spirituelle. Leur action admise, n'est-ce pas un nouveau rapprochement entre le christianisme et le spiritisme? Leur action est autre, ou se manifeste différemment, soit. Mais le but est le même. Et que nous importent les formes, quand on nous accorde le fond?

On voit par ces exemples le chemin parcouru. Certaines idées sont dans l'air. Elles s'expriment différemment de part et d'autre, sans doute, mais vaut-il bien la peine de se disputer, comme on ne l'a que trop fait, pour de vaines formules? C'est l'idée elle-même qui est l'essentiel, non pas le vêtement dont elle s'enveloppe.

Mais nous revenons au salut par le Christ. Là même, là surtout peut-être, le changement est extrêmement sensible ; et, semble-t-il, on se rapproche de plus en plus du salut tel que nous le comprenons. Que disons-nous, en effet? Qu'on n'arrive au plein bonheur qu'autant qu'on purifie son cœur de toutes les souillures, de tous les égoïsmes, de toutes les duretés, de toutes les avarices, de toutes les ambitions malsaines, de tous les désirs infâmes, de toutes les passions coupables. Et que disent quelques-uns des plus distingués d'entre les théologiens? Qu'il faut avoir la foi en Christ? Oui; mais qu'est-ce que croire en lui, sinon s'assimiler sa sainteté, vivre sa vie, être pur comme lui, et, comme lui, se dévouer à ses frères. Il n'est plus question d'une opération magique, instantanée, mais de la réelle et progressive transformation de l'être intérieur. Ce que nous croyons n'est pas si éloigné de ce qu'ils croient. En fait, nous demandons à l'homme exactement les mêmes choses qu'ils lui demandent. Donc, encore une fois, si la formule extérieure du symbole nous sépare, ce qui en constitue le fond essentiel nous réunit : vivre comme le Christ a vécu, aimer Dieu par-dessus toutes choses et son prochain comme soi-même.

Nous le savons bien. Les choses ont beau être ce qu'elles sont, c'est-à-dire *unes et semblables*, les spirites n'en continueront pas moins d'être pour longtemps encore, aux yeux d'un grand nombre, les suppôts de Satan, prédestinés à l'aller rejoindre tôt ou tard dans cette géhenne du feu où s'engloutiront tous les réprouvés. On peut croire cela de nous. Nous ne le croyons de personne. Nous avons cet avantage, cette incontestable supériorité sur les partisans de l'enfer, d'être absolument convaincus qu'il n'existe pas. Nous n'y envoyons ni les croyants ni les incrédules, ni les orthodoxes ni les libéraux. Les portes de l'avenir ni les portes de l'espérance ne se ferment sur aucune âme. Tous nos systèmes, théologiques et philosophiques, sont des créations humaines, transitoires et contingentes. Ils ont plus d'apparence que de réalité. Nous oublions, parfois, dans l'ardeur de nos luttes, qu'ils ne touchent pas à l'essence même de la vie morale et religieuse. Comme l'a dit excellemment M. le

Professeur Flournoy ([1]), « on commence à s'apercevoir aujourd'hui que les doctrines et les systèmes dogmatiques ne sont qu'un élément contingent et secondaire (quoique inévitable) de la vie religieuse proprement dite, laquelle consiste essentiellement en processus émotionnels et volitionnels fort indépendants des représentations intellectuelles que le hasard des circonstances vient souder avec eux ; et rien n'empêche de penser que, dans ces conversions insolites (?), l'âme ne fait que rejoindre par un chemin détourné le Christ vivant qu'elle n'avait pu saisir au travers des caricatures que nous en offrent trop souvent les milieux soi-disant chrétiens ».

Qu'il en soit ou non ainsi ; que la rencontre du Christ et de l'âme doive se faire ou non par le chemin détourné du spiritisme, de la théosophie ou de telle autre doctrine plus ou moins excentrique (!), une chose est certaine ; c'est que, laissant là des systèmes théologiques surannés, on tend, dans certains milieux chrétiens, à se rapprocher davantage de l'Evangile primitif et de ses enseignements. Or, de ces enseignements, beaucoup sont très semblables aux nôtres : christianisme des premiers siècles et spiritisme sont faits pour s'entendre. Plus on retournera en arrière, plus on étudiera de près, à la lumière des

[1] Voir la *Semaine littéraire* du 26 Janvier 1901.

événements et des phénomènes contemporains, le contenu du Nouveau Testament, plus aussi l'on s'apercevra combien l'on s'était éloigné des instructions du Christ et de ses successeurs immédiats, et plus impérieux se fera sentir le besoin de les rétablir dans leur signification originelle.

En attendant, et pour terminer, disons simplement ceci : Quelle que soit la foi que nous avons reçue ou choisie pour en faire le guide de notre vie, elle n'est rien ni ne nous sert de rien par elle-même. Le titre de chrétien, de bouddhiste, de juif, de spirite, de théosophe, n'a de valeur qu'autant que nous vivons notre foi. Que chacun donc, à quelque groupe qu'il se rattache, mette d'accord sa conduite et ses préceptes. Alors, aimant la vérité, pratiquant la charité, exerçant la justice, travaillant à la conquête de la sainteté, *nous serons tous sauvés*, sous quelques appellations différentes qu'on nous désigne. Hors de là, tout est vain. Même nous serons d'autant plus coupables et plus éloignés du salut que la distance sera plus grande entre l'excellence de notre foi et l'imperfection de notre vie. Ce n'est pas de dire : Seigneur, Seigneur, qui importe, mais de pratiquer la volonté de l'Idéal sublime qui est Dieu.

TABLE DES MATIÈRES

	Pages
Préface	3
Observations préliminaires	5
Objections	8
La Recherche de la Vérité	33
Le Subliminal	46
Suggestions et Télépathie	69
L'Invisible	76
L'Hallucination	81
L'Induction scientifique	88
Léopold et Mlle Smith	94
Le Roman Martien	109
Le Roman Hindou	124
Les Phénomènes du Spiritisme	145
Quelques mots de Philosophie spirite	182

www.ingramcontent.com/pod-product-compliance
Lightning Source LLC
Chambersburg PA
CBHW071949160426
43198CB00011B/1614